Christine Gottwald · Helene Walterskirchen

DAUERPAARE

Prominente und ihr Beziehungsglück

UEBERREUTER

ISBN 3-8000-3856-0

Umschlaggestaltung: verlagsbüro wien / Kurt Hamtil unter Verwendung von Bildern der Pressebildagentur Votava

Druck: Ueberreuter Print
1 3 5 7 6 4 2

Ueberreuter im Internet: www.ueberreuter.at

Inhalt

Vorwort

Eine Umfrage unter deutschen Jugendlichen ergab, dass 94 Prozent an die große Liebe glauben, 70 Prozent wünschen sich sogar eine lebenslange, glückliche Beziehung. So ist der Gang vor den Traualtar auch heute noch das oberste Ziel der meisten jungen Menschen. Verliebt, verlobt, verheiratet.

Liebe und Ehe sind untrennbar miteinander verbunden. Liebe ist die Kraft, die zwei Menschen zusammenführt und zusammenhält. Liebe ist gleichbedeutend mit Gleichklang der Seelen, Zulassen von Nähe, Freude auf Gemeinsamkeit, Zärtlichkeit und dem Wunsch, für immer und ewig beisammen zu bleiben, was immer das Leben auch bringen mag – Gutes wie Schlechtes, Freud wie Leid.

Wenn zwei Menschen wahre Liebe füreinander empfinden und beschließen fortan gemeinsam durchs Leben zu gehen, so schweben sie am Anfang auf Wolken. Alles ist neu, aufregend, interessant, einzigartig schön, romantisch. Ja, wer es erlebt hat, weiß, dass gerade die Anfangszeit einer Ehe oder Lebensgemeinschaft die beglückendste ist. Nie könnte man sich in dieser Zeit vorstellen, dass das gemeinsame Glück eines Tages getrübt werden könnte.

Doch nach der anfänglichen Hoch-Zeit, wenn der Alltag in die Partnerschaften einzieht, wird es für viele Paare schwierig. Das anfängliche Dauerglück weicht einer zunehmenden Routine und Monotonie. Unterschiede in Temperament, Interessen, Werten und Lebensgewohnheiten treten zu Tage, gegensätzliche Ansichten, unerfüllte Erwartungshaltungen, existenzielle Konflikte werfen ihre Schatten auf das Zusammenleben.

In diesen Problemsituationen zeigt sich, wie stark die Liebe der Partner wirklich ist und ob diese Liebe die Unterschiede überbrücken und die Gegensätzlichkeiten bereinigen kann. Die Hochzeit, das wird deutlich, ist kein Ende, sondern ein großer Anfang – der Beginn eines gemeinsamen Lebensweges, in dem zwei Partner einen Wachstumsprozess mit Hinfallen und Wiederaufstehen durchlaufen. Sie müssen lernen aufeinander Rücksicht zu nehmen, Feindschaft nicht entstehen zu lassen, sondern Vertrauen aufzubauen, liebevoll, fair und verständnisvoll miteinander umzugehen. Ehe und

Partnerschaft, das heißt nicht mehr nur »ich«, sondern vor allen Dingen »wir«.

Manche glauben, dass eine glückliche Ehe eine reine Glückssache ist, doch weit gefehlt. Eine dauerhafte glückliche Zweisamkeit ist eine Kunst – eine Kunst, die man nicht an einer Schule lernt, sondern die man sich selbst aneignen muss. Forscher haben ermittelt, dass eine glückliche Ehe und Partnerschaft zu 10 Prozent aus Talent und zu 90 Prozent aus Schweiß besteht.

Ein gemeinsames Glück ist kein Dauerzustand, keine Garantie forever, sondern etwas sehr Flüchtiges, das schon morgen oder übermorgen getrübt oder vorbei sein kann. Tagtäglich muss das gemeinsame Glück neu erarbeitet und gefestigt werden, damit es weiter besteht. Das kostet Schweiß, Zeit und Kraft. Das Maß der Liebe ist das Fundament, das das gemeinsame Glück trägt. Solange die Liebe tief und stark ist, werden die Partner alle Hürden bewältigen und ihr Glück immer wieder festigen können.

Der amerikanische Psychologe John Gottman, der in einer jahrelangen Studie mehrere hundert Paare befragt hat, ermittelte als oberstes Prinzip für ein dauerhaftes Glück, dass Ehen und Partnerschaften auf einer tiefen Freundschaft basieren sollten, die getragen wird von Respekt und Freude an der Gesellschaft des anderen. Auch Kommunikation ist nach Ansicht von Gottman die Königsstraße zur Romantik und einer glücklichen Ehe.

Während Gottman zur Ansicht gelangte, dass gemeinsame Interessen keine herausragende Rolle für ein gemeinsames Glück spielen, ermittelte sein Kollege Professor Charles T. Hill von der Whittler-Universität in Los Angeles, dass gemeinsame Interessen und Aktivitäten eine Grundvoraussetzung sind, um miteinander glücklich zu werden. Wissenschaftliche Studien, das zeigt sich hier ganz deutlich, können nur verallgemeinerte Eckdaten für ein gemeinsames Glück anbieten. Letztendlich aber müssen die Partner für sich selbst ein individuelles Modell finden, mit dem sie dauerhaft glücklich werden.

Auch dieses Buch ist im weitesten Sinne eine Studie. Die Paare, die in diesem Werk porträtiert werden, geben Einblick in ihr persönliches Modell für ein gemeinsames, dauerhaftes Glück. Dieses Buch zeigt auf, dass es kein einheitliches Glücksrezept gibt, allenfalls gewisse ähnliche Strukturen. Jede Paar-Geschichte in diesem Buch ist ein Einzel-Modell für ein gemeinsames Glück, das sich in Lebens-, Berufs- und Familiengeschichte von den anderen Beiträgen unterscheidet.

Alle Porträts haben eins gemeinsam: Sie zeigen Paare, die schon viele Jahre miteinander verheiratet sind oder zusammenleben und auch heute noch glücklich miteinander sind. Sie haben ihr gemeinsames Glück trotz so mancher Stürme und Konflikte bewahrt und immer wieder neu gefestigt. Sie haben ein partnerschaftliches Modell gefunden, mit dem sie zufrieden und glücklich sind.

Glückliche Paare zu porträtieren ist eine Gratwanderung. Es ist den Autorinnen wie den Mitwirkenden bewusst, dass eine heute glückliche Ehe schon im nächsten Jahr nicht mehr glücklich sein kann. Ein Seitensprung kann zum Bruch führen, eine schwere Krankheit das Glück trüben oder eine persönliche Entwicklung in eine andere Richtung die Partner entfremden. Anlass für so manche Leser, mit Schadenfreude zu reagieren. Vermutlich war es genau dieser Aspekt, der einige prominente glückliche Paare von der Mitwirkung an diesem Buch abgehalten hat.

Gerade diese Tatsache aber soll deutlich machen, wie zerbrechlich das gemeinsame Glück ist. Diese Zerbrechlichkeit besteht oft ein Leben lang. Kein Partner besitzt den anderen jemals wirklich. Mit zerbrechlichen Dingen muss man achtsam, aufmerksam und behutsam umgehen – auch mit einer Partnerschaft, einem geliebten Menschen, mit dem man gemeinsam durchs Leben gehen möchte.

Die Paare, die in diesem Buch porträtiert sind, haben ihre Form des glücklichen Zusammenlebens viele Jahre lang erprobt. Ihr Modell des Zusammenlebens, ihre Ansichten über Partnerschaft und Familie sind praxisorientiert und somit geeignet als Anregung für andere Paare. Die in diesem Buch porträtierten Paare zeigen, dass es sich lohnt, an der Liebe immer wieder zu arbeiten, denn nur dadurch bleibt sie auch lebendig.

Viele Menschen, mit denen wir gesprochen haben, fanden die Idee dieses Buches in unserer heutigen Zeit als elementar wichtig, da das Thema Ehe in unserer westlichen Zivilisation weitgehend in Auflösung und Misskredit geraten ist. Immer häufiger enden Ehen vor dem Scheidungsrichter – mittlerweile ist es jede dritte. Viele

Ehen sind heute nur noch Scheinehen, in denen sich die Partner nichts mehr zu sagen haben, sondern nur noch Arbeits- und Interessengemeinschaften bilden. Doch Ehe und Familie sind für den Bestand eines Volkes von großer Wichtigkeit, weil die Familie das Fundament eines geordneten Staates ist. In diesem Sinne versteht sich dieses Buch als ein Plädoyer für das Streben nach einer dauerhaften, glücklichen Ehe.

Wir wünschen Ihnen, liebe Leserin und lieber Leser, viel Spaß bei der Lektüre dieses Buches!

Christine Gottwald
Helene Walterskirchen

Hannelore (Loki) & Helmut Schmidt

Als Altbundeskanzler Helmut Schmidt und seine Frau Hannelore, genannt Loki, im Jahr 1992 goldene Hochzeit feierten, sagte er in seiner Rede, dass sie diejenige gewesen sei, die in all den Jahren den überwiegenden Teil dazu beigetragen hat, dass ihre Ehe nach wie vor glücklich ist. Loki Schmidt, sonst nie um Worte verlegen, hörte ihm stillschweigend und leise lächelnd zu. Erst später sagte sie rückblickend, wie lieb sie seine Worte fand. Eine langjährige Freundin des Ehepaares Schmidt beschrieb die Symbiose der beiden mit den Worten: »Sie haben genau die gleiche Handschrift. Sie teilen dieselben Hobbys, sie spielen dieselbe Musik. Sie sind wie aus einem Guss.«

Zwischenzeitlich haben sich zu den 50 Jahren Ehe noch weitere 10 hinzugesellt. 60 Jahre sind Loki und Helmut Schmidt nun verheiratet – glücklich. Doch die Zahl der Jahre, die sie miteinander verbracht haben, ist noch wesentlich höher, denn sie kennen sich, seit sie 10 Jahre alt sind. Damals traten sie gemeinsam in die Sexta der Hamburger Lichtwarkschule ein und blieben bis zum Abitur zusammen in derselben Klasse.

Zwischen der hoch gewachsenen Arbeitertochter und dem Sohn eines Diplom-Handelslehrers entwickelte sich rasch eine Freundschaft. »Wir konnten uns so gut zanken. Heute würde man sagen: so gut miteinander diskutieren«, erzählt Loki Schmidt mit heiterer Miene. Aus der Freundschaft entwickelte sich Liebe. Ihren ersten Kuss bekam sie von ihm an einem Samstag im Jahr 1934, auf dem Nachhauseweg von der Schule – da war sie gerade 15 Jahre alt.

Nach dem Abitur 1937 wollte Loki Schmidt, damals noch Loki Glaser, Botanik studieren, doch ihre Eltern konnten sich das lange und teure Studium nicht leisten. So entschied sie sich für ein kürzeres Studium, das der Pädagogik, und wurde Lehrerin. 1940 trat sie ihre erste Stelle in einer Hamburger Volksschule an.

Helmut Schmidt leistete nach dem Abitur seinen Wehrdienst. Als im Jahr 1939 der Zweite Weltkrieg ausbrach, wurde er als Soldat, zuerst bei der Flak in Bremen, danach an der Ostfront eingesetzt. Beide, sowohl Helmut als auch Loki, wollten in diesen unsicheren und gefahrenvollen Zeit wissen, wohin sie gehörten, und schlossen aus diesem Grund im Kriegsjahr 1942 den Bund fürs Leben.

Schon damals waren sie – wie später auch – häufig voneinander getrennt – er im Krieg, sie in Hamburg, wo sie trotz des Krieges und der schweren Zeiten weiterhin ihrem Beruf als Lehrerin nachging. Zwei Kinder wurden dem Paar geboren: 1944 ein Sohn, Helmut, der mit sieben Monaten an Hirnhautentzündung starb. Es gab damals keine lebensrettenden Antibiotika. 1947 kam Tochter Susanne auf die Welt.

Nach dem Krieg studierte Helmut Schmidt ab 1945 Volkswirtschaft und Staatswissenschaft an der Hamburger Universität bei Professor Karl Schiller, während Loki Schmidt mit ihrem Lehrerinnengehalt die Familie ernährte. Es war für sie selbstverständlich, ihrem Mann das Studium zu ermöglichen und ihm ein gute berufliche Ausgangspositionen zu schaffen. Ohne viel Aufhebens, ohne zu klagen hat sie ihre beruflichen und familiären Pflichten mit ihrem selbstbewussten, tatkräftigen und umsichtigen Wesen gut unter einen Hut gebracht.

Es ist eine bekannte Tatsache, dass Paare in schweren Zeiten oft besonders stark zusammenwachsen. Und genau das war bei Helmut und Loki Schmidt der Fall. Nach dem Krieg, als Land und Bevölkerung ausgeblutet waren, fingen sie, so wie so viele andere, bei null an und bauten ihr Leben neu auf. Sie waren dankbar und glücklich, dass sie einander hatten, dass ihre Tochter gesund war, dass Loki ihren Beruf als Lehrerin hatte und so viel Geld verdiente, dass die Familie das Nötigste zum Leben hatte. Helmut Schmidt hat es seiner Frau ein Leben lang gedankt, dass sie ihm die Grundlage schuf für seinen späteren beruflichen Erfolgsweg.

Loki und Helmut Schmidt arbeiteten stets zusammen und nie gegeneinander. Wo sie sich gegenseitig von Nutzen sein konnten, nutzten sie dies. Wo sie sich gegenseitig helfen konnten, halfen sie sich. Was in der Studienzeit begann, setzte sich ihr ganzes gemeinsames Leben fort. Auch in der Bundeskanzlerzeit bildeten sie eine gut funktionierende »Arbeitsgemeinschaft«. Helmut Schmidt war bisher der einzige Bundeskanzler, der seine Frau bei allen Reisen mitnahm.

Sie besprachen sich über alle wichtigen Ereignisse und Entwicklungen, hielten sich gegenseitig auf dem Laufenden. Er gab ihr seine Reden zum Lesen und sie durfte ihre Randbemerkungen machen. Sie sammelte Informationen für ihn, beispielsweise bei festlichen

Abendessen oder Empfängen, wo sie sich mit anderen Politikern oder deren Frauen über das politische Geschehen unterhielt. Mit ihrem offenen, natürlichen und lebhaften Wesen fand sie sehr schnell Zugang zu anderen Menschen und erfuhr so manches, was ihrem Mann verborgen blieb. Zu Hause angekommen saßen sie zumeist noch bei einem Glas Wein zusammen und sie erzählte ihm, was ihr alles zu Ohren gekommen war.

Mit dem Beitritt zur SPD im Jahre 1946 begann Helmut Schmidt seine politische Karriere. Schon 1947 und 1948 war er Bundesvorsitzender des Sozialistischen Deutschen Studentenbundes. Sein beruflicher Werdegang führte ihn im Jahr 1949 zuerst in die Behörde für Wirtschaft und Verkehr, danach, 1953, nach Bonn, wo er bis 1962 als Mitglied des Deutschen Bundestags tätig war.

Acht Jahre lang führte das Ehepaar Schmidt eine Wochenendehe. Die Problematik von Wochenendehen, allen voran Entfremdung und ein Sich-auseinander-Leben, ist allgemein bekannt. Doch Loki und Helmut Schmidt ließen es nie so weit kommen. Sie nutzten das gemeinsame Wochenende für ein intensives Familienleben und lange Gespräche, in denen sie sich gegenseitig berichteten, was der andere erlebt hatte. »Das empfanden wir beide als eine Bereicherung«, sagt Loki Schmidt. Ein wichtiges, verbindendes Element war auch all die Jahre die gemeinsame Neigung zum Schachspielen und so sah man die beiden oft am Wochenende vertieft über das Spielbrett sitzen.

Änderte sich die Persönlichkeit von einem Partner, so kämpfte der andere nicht dagegen, sondern versuchte sich immer wieder darauf neu einzustellen. Auf diese Weise blieb das verbindende Band zwischen ihnen erhalten und lebendig.

Als Loki Schmidt einmal von einer Journalistin des »Tagesspiegel« gefragt wurde, ob sie mit der Entscheidung ihres Mannes, nach Bonn zu gehen, einverstanden gewesen sei, antwortete Loki Schmidt: »Es war sein Wunsch, dieses völlig zerstörte und ziemlich demoralisierte Deutschland wieder aufzubauen.« Ihr, der Frau an seiner Seite, wäre es nie in den Sinn gekommen, sich seinem Wunsch entgegenzustellen oder ihm gar Steine in den Weg zu legen. Angesprochen darauf, ob der politische Karriereweg ihres Mannes für sie ein Opfer bedeutet habe, antwortete Loki Schmidt: »Das

Wort Opfer hab ich nicht so furchtbar gern. Dazu bin ich viel zu nüchtern.« Ihr Leben war kein Opfer, auch nicht, als ihr Mann das höchste politische Amt bekleidete. Nein, die Opferrolle passt nicht zu Loki Schmidt, dazu ist sie viel zu selbstbewusst und lebensbejahend.

Als Helmut Schmidt 1969 Bundesverteidigungsminister wurde, ging Loki Schmidt mit ihm zusammen nach Bonn, denn als Frau eines Ministers hatte sie auch eine Reihe von Aufgaben und Pflichten wahrzunehmen. Da sich ihre Rolle als Ministerfrau mit der Lehrerin nicht mehr vereinbaren ließ, gab sie nach 30 Jahren Lehrerinnentätigkeit schweren Herzens ihren Beruf auf. Diese Entscheidung war der Startschuss für ihre große Leidenschaft, die Botanik. Loki Schmidt war nämlich seit ihrer Jugendzeit eine große Natur- und Pflanzenliebhaberin. Anfang der 70er-Jahre fühlte sie einen starken Drang, etwas aus ihrem Hobby zu machen, gleich gesinnte Menschen zu finden und mit ihnen zusammen eine Organisation in Sachen Natur- und Pflanzenschutz aufzubauen.

Helmut Schmidt, der sich ebenfalls für Natur, Vögel und Pflanzen interessierte, begrüßte das neue Engagement seiner Frau. In früheren Jahren hatten sie oft ihren Urlaub in Naturschutzgebieten verbracht, wo sie beide stundenlang unterwegs waren um Vögel zu beobachten. Loki Schmidt bezeichnet ihren Mann als guten »Bird-Watcher«, der viele Vögel kennt.

Im Juli 1972 wurde Helmut Schmidt zum Bundesminister für Wirtschaft, im Dezember desselben Jahres zum Bundesfinanzminister ernannt. Dieses Amt hatte er bis 1974 inne. Nach dem Rücktritt von Willy Brandt erfolgte dann am 16. Mai 1974 die Wahl von Helmut Schmidt zum fünften deutschen Bundeskanzler. Dieses Amt bekleidete er bis 1982.

Loki und Helmut Schmidt wohnten in dieser Zeit im modernen Kanzlerbungalow in Bonn, den Ludwig Erhard einst hatte bauen lassen. Als Kanzler hatte Helmut Schmidt ein enormes Arbeitspensum zu bewältigen. Er kam selten vor Mitternacht nach Hause und auch am Wochenende beanspruchte ihn sein Amt oft, sodass kaum Zeit für ein beschauliches Familienleben blieb. Dass Kanzlerehefrauen nur wenig von ihren Männern zu sehen bekommen und sehr viel allein sind, weiß man nicht erst seit dem Tod von Hannelore

Kohl, aber es machte das Thema einer breiteren Öffentlichkeit wieder bewusst.

Loki Schmidt hatte ihre eigene Art, damit umzugehen: Mit ihrer nüchternen und rationellen Art passte sie sich dieser Tatsache an, anstatt gegen sie zu kämpfen. Sie suchte sich ein eigenes Aufgabengebiet, wo sie sich entfalten und engagieren konnte. Das war, neben ihren Aufgaben und Pflichten, die sie als Frau des Bundeskanzlers wahrnehmen musste, der Pflanzenschutz. Zusammen mit Gleichgesinnten gründete sie das »Kuratorium zum Schutze gefährdeter Pflanzen«, aus dem im Jahr 1979 die »Stiftung zum Schutze gefährdeter Pflanzen« wurde. Anstatt Erholungsurlaube zu machen nutzte sie ihre Urlaube in den Jahren der Kanzlerzeit ihres Mannes für Forschungsreisen, auf denen sie Wissenschaftler der Max-Planck-Gesellschaft auf Expeditionen begleitete. Ihre Reisen führten sie nach Kenia, Malaysia, Peru, Brasilien und in andere ferne Länder. Auch nachdem ihr Mann nicht mehr Kanzler war, ging sie weiter auf Forschungsreisen in Sachen Pflanzenschutz.

Helmut Schmidt, der auf Grund seiner immensen Verpflichtungen und Aufgaben als Kanzler seine Frau nicht auf den Reisen begleiten konnte, fand die Expeditionen und die Pflanzenschutzaktivitäten seiner Frau von Anfang an hochinteressant. Er genoss es, wenn sie ihm davon erzählte. Im Gegenzug dazu berichtete er ihr von seinen politischen Erlebnissen. Loki Schmidt: »Ich bin stolz auf das, was mein Mann geleistet hat. Da ist es doch nur billig und recht, dass er auch stolz auf mich ist.« Was er natürlich auch war, entdeckte sie immerhin so manch seltene Pflanze, beispielsweise 1983 ein unbekanntes Gewächs aus der Familie der Bromelien oder Ananasgewächse, das nach ihr den Namen »Pitcairnia loki-schmidti nov. Spec.« bekam.

Es ist wohl die Mixtur aus gemeinsamen und unterschiedlichen Interessen, die sich so positiv auf die Ehe von Helmut und Loki Schmidt ausgewirkt hat. Einerseits hatten beide stets ihre eigenen Bereiche, wo sie sich entfalten und engagieren konnten, aber andererseits gab es auch gemeinsame Interessen wie Musik, Kunst, Archäologie. Außerdem haben beide, wie Loki Schmidt einmal sagte, nicht nur einen Bücher-, sondern auch einen Bildertick. »Schon ganz früh, als wir uns das noch gar nicht leisten konnten, haben wir regelmäßig in einem Hamburger Kunstladen die Originale und Drucke im Schaufenster begutachtet«, berichtet sie.

Angesprochen auf das häufige Scheitern von Politikerehen sagte Loki Schmidt in einem Interview: »Das ist nicht nur auf die Politiker beschränkt. Denken Sie nur an die Wirtschaftsbosse – dieselbe Situation. Der Mann ist bis abends eingespannt, hat am Wochenende noch Akten durchzuarbeiten und die Frau, wenn sie dumm ist, steht da und sagt: ›Wann kommst du nach Hause? Wann hast du endlich mal Zeit?‹«

Loki Schmidt findet es ungeschickt, wenn Frauen viel beschäftigter und erfolgreicher Männer derartige Fragen stellen, und meint: »Kein Mensch, weder Mann noch Frau, will, wenn er abends nach Hause kommt, nach einem arbeitsreichen Tag, zuerst gefragt werden: Was hast du heute erlebt? Keiner. Und zu fragen: ›Wann kommst du nach Haus?‹, ist eine ähnlich dumme Frage. Das kann derjenige doch meist gar nicht absehen, es sei denn, er ist Postbeamter.«

Natürlich war sie auch manchmal etwas ungeduldig, wenn er nicht wie verabredet nach Hause kam und es wieder einmal sehr spät wurde, aber sie hat ihm nie dumme Fragen gestellt, ihn bedrängt oder ihm gar Vorwürfe gemacht. Und auch Helmut Schmidt seinerseits hat ihr nie etwas in den Weg gelegt, wenn sie in Sachen Pflanzenschutz unterwegs war oder auf Forschungsreisen gehen wollte. Beide haben sich immer den notwendigen Freiraum gegeben und sich nicht gegenseitig eingeengt.

Misstrauen war nie ein Frage in der Ehe von Helmut und Loki Schmidt, denn sie vertrauen sich seit ihrer Jugendzeit. Und da sie das Vertrauen nie missbraucht haben, ist es über die Jahre zu einem festen Fundament ihrer Ehe geworden. Auch ernsthaften Streit kennen beide nicht. Loki Schmidt: »So komisch es klingt: Wir beide haben uns noch nie gestritten. Einmal war ich wütend auf meinen Mann, das muss 1948 gewesen sein, vor der Währungsreform. Da hab ich mir überlegt, du möchtest ihm eigentlich etwas an den Kopf werfen. Aber damals war alles, was man hatte, kostbar. Also habe ich einen nassen Waschlappen genommen – und hab ihn noch nicht mal getroffen. Darüber lachen wir heute noch.«

Trotz aller Gemeinsamkeiten haben Helmut und Loki Schmidt

auch gegensätzliche Angewohnheiten. Während er ein ausgesprochener Nachtmensch ist, der sehr spät ins Bett geht und gerne lange schläft, ist Loki Schmidt eine Frühaufsteherin, die eher zeitig ins Bett geht, dafür aber den Tag sehr früh beginnt. Hat sie nie versucht ihren Mann zu verändern? Loki Schmidt: »Ich glaube nicht, dass einer von uns beiden den anderen verändert hat. Wir haben beide immer den anderen gelten lassen. Zu versuchen, einen Menschen zu verändern, halte ich für eine ganz schlimme Sache. Man hat den Menschen ja mal geheiratet, weil er so ist, wie er ist.«

Bei Loki und Helmut Schmidt war der unterschiedliche Lebensrhythmus kein Anlass für Entzweiung und Streitigkeiten, wie man es in so manchen Ehen findet. Sie hat nie versucht, das »Nachtverhalten« ihres Mannes zu verändern. Stattdessen hat sie sich weitgehend seinem Rhythmus angepasst. Wenn er spät nachts nach Hause kam, lag sie nicht im Bett und schlief, sondern sie war wach und wartete auf ihn. Ihr war es wichtig, ihn zu sehen, mit ihm zu sprechen und sich auszutauschen und wenn es nur für kurze Zeit war. So blieb das Band zwischen ihnen lebendig. Helmut Schmidt schätzte es sehr, dass seine Frau auf ihn wartete und ihm eine aufmerksame Zuhörerin und Gesprächspartnerin war. Während sie ihm oft noch einen kleinen Imbiss zubereitete, machte er ein bisschen »Krach« auf dem Klavier.

Loki und Helmut Schmidt empfehlen als Rezept für eine langjährige glückliche Ehe: »Gemeinsam leben, aber getrennt schlafen.« Sie raten jedem jungen Paar, sich zwei getrennte Schlafzimmer anzuschaffen, sobald dies finanziell möglich ist. Ihrer Ansicht nach gibt es tausend Gründe, die die nächtliche Zweisamkeit sehr stören können, beispielsweise unterschiedliche Schlafgewohnheiten oder -rhythmen. Ein anderer Grund, der für getrennte Schlafzimmer spricht, findet sich auch im häufigen lästigen Schnarchen eines Partners, das den anderen sehr stören und ihm seinen Schlaf rauben kann. Getrennte Schlafzimmer ersparen von vornherein Ärger und das nächtliche Umziehen auf die Couch ins Wohnzimmer. Wichtig bei getrennten Schlafzimmern, so die Empfehlung des Ehepaares Schmidt, ist jedoch, dass die Zimmer nicht zu weit auseinander liegen.

Auf die Frage einer Journalistin, ob Helmut und Loki Schmidt während ihrer Kanzlerzeit auch bei Staatsbesuchen getrennte Betten hatten, antwortete Loki Schmidt: »Bei offiziellen Reisen hatten wir ein gemeinsames Zimmer. Da haben wir spätabends oft unsere neuen Erkenntnisse ausgetauscht. Für die Frauen gibt es ja immer diese Damenprogramme und da habe ich natürlich die anderen Frauen ausgefragt. Da hat man schon mal das eine oder andere Detail erfahren. Nein, auch wenn wir jetzt auf Reisen ein Hotelzimmer mit Doppelbett haben, genießen wir das durchaus.«

Loki und Helmut Schmidt sind heute über 80 Jahre alt – für beide kein Grund, sich zum alten Eisen zu rechnen und ihre vielfältigen Aktivitäten einzustellen. Loki Schmidt ist nach wie vor in ihrer zwischenzeitlich erweiterten Stiftung »Naturschutz Hamburg und Stiftung zum Schutze gefährdeter Pflanzen« aktiv und hat noch viele Ideen und Visionen, die sie gerne realisieren möchte. Helmut Schmidt, den man als einen der bedeutendsten Politiker des 20. Jahrhunderts bezeichnet, ist seit vielen Jahren journalistisch tätig, unter anderem seit 1983 als Mitherausgeber der Wochenzeitung »DIE ZEIT«, daneben hält er auf verschiedenen Veranstaltungen Festreden oder Vorträge zu politischen Themen.

Helmut und Loki Schmidt sind auch heute noch immer so zufrieden und glücklich wie am Anfang ihrer Ehe. Wie alle jungen Menschen waren sie am Anfang, als sie sich kennen lernten, ineinander verliebt, doch dieser beflügelte Zustand hat sich in eine tiefe Liebe verwandelt. »Viele Menschen verwechseln verliebt sein mit Liebe«, so Loki Schmidt. »Daran scheitern, glaube ich, viele Ehen. Verliebt sein kann eine Vorstufe sein, aber verliebt sein hat nichts mit Liebe zu tun. Verliebt sein ist wie ein Feuer aus Reisig und Stroh. Wenn aber die Kloben, die unter dem Reisig liegen, nicht anfangen zu brennen, dann ist das nichts.« Loki und Helmut Schmidt haben dafür gesorgt, dass die Kloben unter dem Reisig brennen.

Eine glückliche Ehe fällt niemand in den Schoß, diese Erfahrung haben beide gemacht. Man muss schon einiges dafür tun. In der Ehe von Loki und Helmut Schmidt war sie es, die einen erheblichen Anteil daran hat, dass ihre Ehe glücklich wurde. In einem Interview meinte sie einmal dazu: »Schon in der Abgeordnetenzeit, besonders aber später, hatte mein Mann ja gar keine Zeit, sich viel um Zweisamkeit zu kümmern. Da schien es mir einfach das Vernünftigste zu sein, der Platz für ihn zu sein, wo er wusste, hier bin ich zu Hause.« Eine gute Ehe zu haben ist nach Ansicht von Loki und Helmut Schmidt etwas sehr Wichtiges. »Sie kann einem das Gefühl geben, zu wissen, wohin man gehört in dieser Welt. Aber natürlich kann eine gute Ehe auch Schwierigkeiten lösen, die von außen kommen, indem man sie beredet oder gemeinsam besteht.«

Das Gespräch, der regelmäßige Austausch über die eigenen Erlebnisse, die gemeinsamen Interessen und Aktivitäten haben in der Ehe von Loki und Helmut Schmidt das Band geflochten, das beide seit über 60 Jahren zusammenhält. Angesprochen auf die Frage, ob es auch Geheimnisse zwischen ihnen gibt oder ob sie keinerlei Geheimnisse voreinander haben, antwortet Loki Schmidt: »Ich halte es für verkehrt, dem anderen alles auszukramen, was man denkt, fühlt oder erlebt hat. Man muss den anderen lassen, wie er ist. Dazu gehört auch, dass man nicht pausenlos jede kleinste Regung offenbart. Jeder muss sein eigenes Kämmerlein haben, das halte ich für ganz wichtig.« (Auszug aus dem Interview der Zeitschrift »Der Tagesspiegel« vom 26. 2. 2000 von Anke Dürr).

Quellen:

Interview Helene Walterskirchen mit Loki Schmidt am 19. Juni 2001

Interview in der Zeitschrift »Der Tagesspiegel« vom 26. Februar 2000 von Anke Dürr mit dem Titel: »Getrennte Schlafzimmer sind besser«.

Rezept für eine glückliche Ehe

»Meine Frau und ich lieben uns auch noch nach fast 37 Jahren Ehe. Und dass wir uns selten sehen, erhöht doch nur die Freude auf den anderen und auf gemeinsame Stunden.«

Christina und Dieter Hundt, Arbeitgeberpräsident und Fabrikbesitzer der Allgaier Werke in Uhingen
(seit 37 Jahren verheiratet)

Karin & Edmund Stoiber

Der bayerische Ministerpräsident Edmund Stoiber und seine Frau Karin sind ein strahlendes Paar, wo immer sie auftreten – ob bei einem Besuch in der Oper, einer politischen Veranstaltung oder einem Wohltätigkeitsball. Die Art, wie sie miteinander umgehen, die Sprache ihrer Augen, ihre Mimik signalisiert: Wir verstehen uns und sind glücklich miteinander.

Auch nach 34 Jahren Ehe sieht man beide oft Hand in Hand gehen wie ein junges, verliebtes Paar und manchmal legt er auch ohne Scheu im Trubel den Arm um sie, streicht ihr sanft über den Rücken. Und wenn sie, wie kürzlich auf einem Foto in einer Illustrierten, den Kopf an seine Wange legt, so wirkt diese Geste nicht aufgesetzt, sondern natürlich und liebevoll. Das Strahlen in ihren Augen verrät, wie sehr sie die Berührung genießt. Sein weiches Lächeln auf dem sonst oft so ernsten und angespannten Gesicht zeigt, wie sehr ihm ihre Nähe gut tut. Aus seinen Augen spricht eine leise Freude und Dankbarkeit, die keiner Worte bedarf.

Edmund Stoiber erfreut sich großer Beliebtheit im Bayernland, das er seit 1993 regiert. Er gilt als arbeitsam, pflichtbewusst, zielstrebig und hartnäckig, aber auch als ein wenig trocken und spröde im Umgang mit anderen Menschen. Das Arbeitspensum, das er zu bewältigen pflegt, ist enorm und hat ihm den Namen »Arbeitstier« eingebracht. Sein Mentor, der frühere bayerische Ministerpräsident Franz Josef Strauß, hielt ihn wohl eher für einen »humorlosen Aktenfresser«, der sich nicht zum Feiern eigne.

Dies jedoch ist nur eine Seite von Edmund Stoiber, die politische – daneben gibt es auch den Privatmenschen, der gesellig und humorvoll sein kann. So jedenfalls kennen ihn seine Frau Karin und die drei erwachsenen Kinder Constanze, Veronica und Dominic, und so kennen ihn auch seine Verwandten und Freunde.

Es ist nicht zu leugnen, dass Edmund Stoiber in der Gegenwart seiner Frau Karin menschlich sichtlich aufblüht. Sie scheint die besondere Gabe zu haben, ihn zu verwandeln, ihn geselliger zu machen. So genießt er es auch stets, wenn sie ihn zu öffentlichen Veranstaltungen begleitet und mit ihrer Offenheit und ihrem natürlichen Charme auf die Menschen zugeht und sie für sich einnimmt. Dann wird auch er lockerer und entspannter und kann für einige Stunden den ruhelosen und rastlosen Politiker zur Seite legen.

Karin und Edmund Stoiber sind ein Paar, das sich hervorragend ergänzt. Sie gleicht seine Schwächen aus – er die ihren. Daneben haben beide aber auch Eigenschaften, die sie zusammen noch stärker machen, beispielsweise Durchsetzungskraft, Willenskraft, Toleranz, Lebensfreude und Lebenskraft. In den Medien werden Karin und Edmund Stoiber oft als »Power-Paar« bezeichnet.

In der Zeit der zunehmenden Scheidungen machen Edmund und Karin Stoiber einen wohltuend harmonischen und soliden Eindruck. Man spürt: Da halten zwei zusammen, auch wenn es nicht immer leicht ist. Sie haben sich im Laufe ihrer 34-jährigen Ehe ein inniges Vertrauensverhältnis aufgebaut, bei dem sich jeder fast wie blind auf den anderen verlassen kann.

Als Dank hat Karin Stoiber ihrem Mann zum 60. Geburtstag eine öffentliche »Liebeserklärung« in der Abendzeitung gemacht, deren Kernsatz lautete: »Seit 33 Jahren bin ich glücklich mit meinem Mann verheiratet. Was für mich das Schönste ist: Er ist sehr treu.«

Aufeinander aufmerksam wurden Edmund (geboren am 28. September 1941) und Karin Stoiber (geboren am 6. Juli 1943) erstmals bei einem Fußballspiel des BC Farchet Wolfratshausen. So richtig kennen lernten sie sich jedoch erst, als der blonde Jurastudent in den Sommersemesterferien des Jahres 1963 bei einer Bank in Geretsried jobbte, in der Karin, geb. Rudolf, arbeitete.

Ihre Aufgabe war es, den unerfahrenen Studenten in seine Arbeit einzuweisen. Edmund Stoiber und Karin Rudolf fanden rasch Gefallen aneinander. Sie verliebte sich zuerst in sein heiteres und herzliches Lachen, ihm gefiel ihr hübsches Aussehen und ihre Tüchtigkeit im Beruf. Karin Stoiber sagte später einmal, dass zwischen ihr und ihrem Mann von Anfang an die Chemie stimmte und ein Gleichklang vorhanden war. So blieb es nicht bei der Bank-Verbindung – die beiden trafen sich auch nach der Arbeit, mal zum Eisessen, zu einem Kinobesuch oder zum Spazierengehen, und führten lange Gespräche.

Karin und Edmund Stoiber waren lange befreundet und verlobt, ehe sie am 23. Februar 1968 heirateten. Sie hatten es nicht eilig, in den Hafen der Ehe zu steuern, sondern ließen sich Zeit. Ohnehin war Edmund Stoiber mit seinem Jurastudium, zu dem er noch politische Wissenschaften hinzugenommen hatte, »weil ich mich schon als Bub für Geschichte interessiert habe und für die Personen, die sie bestimmen«, vollkommen ausgelastet. Karin Rudolf sah nur wenig von ihrem Verlobten, der oft bis spät nachts im Juristischen Seminar saß. Sie zeigte Verständnis und Geduld. Im Buch »Edmund Stoiber privat« von Ursula Sabathil sagt sie dazu: »Wir haben uns gerne gehabt, wir wussten von vornherein, dass wir uns recht selten sehen werden, wir haben keine großen Ansprüche gestellt. Wir haben aber immer schon die wenige Zeit, die wir hatten, anders eingeteilt als andere, intensiv genutzt, intensiver als andere Paare.«

Bis zur Geburt von Tochter Constanze im Jahr 1971 arbeitete Karin Stoiber bei einer Bank in München, wo das junge Paar zwischenzeitlich lebte, danach gab sie ihre Arbeit auf. »Ich bin noch ein Jahrgang, bei dem das eben mal so ist«, so Karin Stoiber. »Man gründet eine Familie und die Mutter übernimmt ihren Part. Das war zwischen meinem Mann und mir von Anfang an so abgesprochen.«

Was vielleicht ein wenig wie Nachgeben und Schwäche klingen mag, täuscht. Karin Stoiber ist kein »Frauchen«, sondern eine tatkräftige Frau, die mit beiden Beinen im Leben steht und sich durchzusetzen weiß, wenn es darauf ankommt. Man kann davon ausgehen, dass sie auch gelegentlich in Ehe und Familie den Ton angibt. Sie tut das, weil sie spürt, dass es für das Wohl ihrer Liebsten so wichtig und richtig ist. Sie fühlt sich verantwortlich für die Menschen, die ihr anvertraut sind, und diese Verantwortung übernimmt sie mit Stärke, Umsicht und Weitsicht.

Nach seiner Promotion und seinem Eintritt in die CSU im Jahr 1971 trat Edmund Stoiber in das Bayerische Staatsministerium für Landesentwicklung und Umweltfragen ein, wo er auf Grund seiner Tüchtigkeit und seiner herausragenden Leistungen 1972 zum persönlichen Referenten des Ministers und später zum Leiter des Ministerbüros avancierte. Mit 33 Jahren wurde Edmund Stoiber zum Mitglied des Bayerischen Landtags als Stimmkreisabgeordneter des Wahlkreises Bad Tölz-Wolfratshausen gewählt. Als Landtagsabgeordneter fiel Edmund Stoiber positiv auf – auch dem damaligen Ministerpräsidenten Franz Josef Strauß, der ihn 1978 zum Generalsekretär der CSU ernannte.

Ehe Edmund Stoiber das Amt des Generalsekretärs annahm, fragte er seine Frau, ob sie damit einverstanden wäre, denn, so Edmund Stoiber: »Ich wusste, was da auf mich zukommt. Wenn sie damals gesagt hätte: ›Also das ist mir nicht recht‹, dann hätte ich es möglicherweise nicht gemacht.« Rücksicht üben, nicht über den Kopf des anderen hinweg bestimmen, gemeinsam wichtige Entscheidungen treffen, waren und sind wichtige Prinzipien in der Partnerschaft von Karin und Edmund Stoiber.

Karin Stoiber hat ihrem Mann in seiner politischen Karriere keine Steine in den Weg gelegt. Sie war klug genug um zu wissen, welche Rolle die Politik in seinem Leben spielte und wie wichtig es ihm war, am politischen Geschehen mitzuwirken. Vielleicht war es auch ein wenig Naivität, die sie so entscheiden ließ, denn sie konnte sich damals nicht vorstellen, dass ihr Mann noch mehr arbeiten würde, als er dies ohnehin schon tat. Erst mit der Zeit erkannte sie, dass sie sich in diesem Punkt geirrt hatte. Karin Stoiber aber war nicht die Frau, die deswegen den Kopf hängen ließ, sondern die das Beste aus der Sache zu machen versuchte. Beruf auf der einen Seite – und Familie auf der anderen Seite, Edmund und Karin Stoiber brachten beides immer wieder unter einen Hut.

In der Großstadt München lebten sie nur fünf Jahre, danach zog es sie wieder aufs Land hinaus. Weder Karin noch Edmund Stoiber sind Menschen, die sich in der Hektik und im Trubel der Großstadt wohl fühlen, auch wenn ihnen dies für eine gewisse Zeit durchaus willkommen ist. Aber so richtig wohl fühlen sie sich in der Natur und im Grünen. So zogen sie im Jahr 1973 nach Geretsried und vier Jahre später, als die zweite Tochter Veronica geboren wurde, nach Wolfratshausen, wo sie noch heute leben. Von Wolfratshausen aus sind sie schnell in der Großstadt München und ebenso schnell im Gebirge, wo sie gerne schöne Wanderungen machen oder im Winter zum Skifahren gehen.

Als Generalsekretär hatte Edmund Stoiber ein enormes Arbeitspensum zu bewältigen. Mit dem ihm angeborenen Pflichtbewusstsein und seiner Durchsetzungskraft erledigte er alle Aufgaben gewissenhaft. Er galt bei Kollegen und Mitarbeitern als »Arbeitstier« und bezeichnete sich selbst als solches. In der Stoiber-Biografie von Peter Köpf heißt es zum »Aufstieg« von Edmund Stoiber: »Dass er fleißig, ruhelos ist, selbst in einem Meer von Arbeit nicht ertrinkt, hatte Stoiber bewiesen. Und das war es, was Strauß an seinem engsten Mitarbeiter am meisten schätzte.« 1982 ernannte Strauß Edmund Stoiber zum Leiter der Bayerischen Staatskanzlei. »In der Staatskanzlei wurde es sehr begrüßt, als Stoiber Staatssekretär wurde und endlich einer da war, der den Laden lenkte«, erinnert sich der langjährige SPD-Sprecher im Landtag Julian Gyger.

Karin Stoiber teilte das Los fast aller Politikerfrauen: Sie konnte nur wenig gemeinsame Zeit mit ihrem Mann verbringen. Abgesehen vom gemeinsamen Frühstück sah sie ihren Mann ziemlich selten. Mehrmals wöchentlich musste Edmund Stoiber vor allem am Abend an politischen Veranstaltungen teilnehmen und kam erst spätnachts nach Hause. Und die hohe Politik machte auch vor Wochenenden nicht Halt. Da hieß es für die Familie viel Verständnis und Geduld aufbringen. Kein Wunder, dass Karin Stoiber für die Kinder der Hauptansprechpartner war und die Familie und alles, was dazugehörte, managte. Das blieb auch so, als Edmund Stoiber 1988 Innenminister wurde und als er am 28. Mai 1993 zum Bayerischen Ministerpräsidenten gewählt wurde. Auch wenn er ständig viel arbeiten musste, war ihm stets bewusst, was für Leistungen seine Frau erbrachte, so meinte er einmal zu einem Freund: »Was ich ohne Karin machen würde, weiß ich nicht. Sie kümmert sich um alles, um was ich mich nicht kümmern kann.«

Neben der Politik, der seine ganze Leidenschaft galt und gilt, war Edmund Stoiber schon immer ein Familienmensch, ein pater familiae. Seine freie Zeit verbrachte er am liebsten mit seiner Frau Karin und den Kindern. Schon als Leiter der Staatskanzlei war er an freien Abenden, wenn so manch andere Politikerkollegen zum Feiern oder auf ein Bier gingen, lieber nach Hause zu Frau und Kindern gefahren. Die spitzen Bemerkungen der Kollegen haben ihn zwar manchmal getroffen, aber an seiner Einstellung konnten sie nichts ändern. Neben der Politik war ihm stets die Familie das Wichtigste, was Karin Stoiber an ihrem Mann immer sehr schätzte und ihr auch die Kraft gab, auf so manche zweisame Stunden mit ihm zu verzichten. Sie wusste ihn ja nicht irgendwo, sondern allenfalls in der Politik bzw. bei politischen Treffen.

Hier findet sich sicherlich ein wichtiges Element für die bis heute andauernde glückliche Ehe von Karin und Edmund Stoiber. Er hat ihr all die Jahre immer wieder gezeigt, wie wichtig sie für ihn ist.

Selbst in Zeiten höchster beruflicher Anspannung hat er die ihm verbleibende freie Zeit fast ausschließlich ihr und den Kindern gewidmet. Karin Stoiber konnte sich immer sicher sein, dass sie, abgesehen von seinen politischen Geschäften, für ihn das Wichtigste in seinem Leben ist. Sie musste nicht erst groß schimpfen oder sich beklagen, damit er sich mal Zeit für sie nahm, sondern er machte es von sich aus und gerne.

Edmund Stoiber sagt dazu: »Meine Frau hat immer gespürt, dass sie nicht hinter der Politik kommt. Das konnte ich auch meinen Kindern deutlich machen: Wenn sie Schwierigkeiten hatten, war ich immer für sie da und bin es heute noch.«

Karin Stoiber ihrerseits achtete darauf, dass die wenige Zeit, die sie füreinander hatten, auch eine Zeit war, die es ihrem Mann ermöglichte, ein harmonisches und intensives Familienleben zu genießen. Sie wusste, dass er sich in der Familie am besten ablenken, zur Ruhe kommen und neue Kräfte tanken konnte. Sie hat die gemeinsame Zeit immer zu einer Quelle der Freude und Kraft werden lassen. Sie hat ihn für klassische Musik, insbesondere Opernmusik, begeistert, hat mit ihm zusammen entweder zu Hause schöne Opernmusik in trauter Zweisamkeit angehört oder ist mit ihm nach München in die Oper gefahren, wo er den Zugang zu Verdi, Wagner oder Beethoven fand.

Ein wichtiges kommunikatives Element in der Beziehung von Karin und Edmund Stoiber waren stets Gespräche – zu Hause oder bei Spaziergängen. Ihre ganze Beziehung hat sich an Spaziergängen aufgebaut, sagt Karin Stoiber. Auch heute noch gehen sie viel spazieren, sooft sich eine Gelegenheit ergibt. »Wir freuen uns sehr, wenn wir mal über unseren Bergwald marschieren können, das sind dann oft auch mal zwei bis zweieinhalb Stunden, die wir laufen, und das ist eigentlich sehr viel Zeit. Da können wir unglaublich viel miteinander besprechen und erledigen.«

Edmund und Karin Stoiber halten es für besonders wichtig, über alles zu reden, jedoch keine Monologe zu führen, sondern wirklich miteinander zu kommunizieren und dem anderen auch zuzuhören. Dabei kommt es natürlich auch gelegentlich zu Diskussionen, in denen beide über einen Sachverhalt gegenteilige Ansichten vertreten. In einer Ehe kann nicht alles immer nur harmonisch sein.

Gegensätzlichkeiten können einer Ehe dann nichts anhaben, wenn die Basis stimmt, wenn die Liebe stimmt, wenn die Wertigkeit stimmt, wenn gemeinsame Interessen da sind, die die Partner verbinden. Bei Karin und Edmund Stoiber sind es neben der Musik, das Wandern, das Lesen und Skifahren und vor allem der Fußball. Immerhin haben sie sich beim Fußball kennen gelernt.

Edmund Stoiber ist seit über 35 Jahren Mitglied beim FC Bayern München und ist heute Vorsitzender des Verwaltungsbeirates des deutschen Erfolgsvereins. Wenn es ihm zeitlich möglich ist, verfolgt er als Zuschauer auf der Tribüne im Olympiastadion das Fußballspiel seines Teams.

Karin Stoiber und ihre Kinder begleiten ihn oft und sitzen fiebernd neben ihm auf der Ehrentribüne. Wenn die Mannschaft nicht gut spielt, kann es schon vorkommen, dass Edmund Stoiber emotional reagiert und laut über den »Schmarren« schimpft, den die Fußballer zusammenspielen.

Es lässt sich erahnen, dass Karin und Edmund Stoiber auch dann noch später, bei der Heimfahrt nach Wolfratshausen oder zu Hause bei einem Glas Wein, über das Fußballspiel sprechen und ihre Meinungen darüber austauschen.

Ursula Sabathil schreibt in ihrem Buch »Edmund Stoiber privat«: »Ihre Gespräche fanden und finden auch heute noch meist auf Spaziergängen statt. Gedankenaustausch und ein wenig Bewegung, beides hat er gerade heute gleichermaßen nötig. Intuitiv sucht er, der innerlich wohl oft nicht zur Ruhe kommt, die Ruhelosigkeit durch Bewegung zu kompensieren.«

An vielen Wochenenden ist Edmund Stoiber in Sachen Politik unterwegs. Volksnähe zeigen, heißt das Programm des Ministerpräsidenten, der demonstrieren will, dass er ein Politiker zum Anfassen ist, der sich für die Probleme der Bürger interessiert. »Deshalb radelt er am Wochenende mit mehreren hundert Bayern in schwarzen Versace-Jeans, Turnschuhen und T-Shirt durch seinen Wahlkreis bei Bad Tölz und menschelt«, schreibt der »Spiegel« in einem Artikel vom 28. Mai 2001. Manchmal begleitet Karin Stoiber ihren Mann auf den »Volksnähe-Radeltouren«, denn auch ihre Aufgabe als Landesmutter Bayerns ist es, Volksnähe zu zeigen. Mit ihrem offenen, spontanen und herzlichen Wesen hat sie damit keine Probleme.

Sie kommt sehr gut an bei den Menschen und erfreut sich allseits großer Beliebtheit.

Karin und Edmund Stoiber sind zwei Menschen, die Werte wie Treue, Zuverlässigkeit, Ehrlichkeit, Liebe, Familie, Glaube hochhalten. Jeden Sonntag besuchen die praktizierenden Katholiken den Gottesdienst, das ist für sie nicht nur eine Pflichtübung, sondern eine Herzensangelegenheit. Die lebendige Verbindung zu Gott und ein Handeln nach christlichen Grundsätzen spielt in ihrem Leben eine wichtige Rolle. Der bayerische Himmel ist mit Karin und Edmund Stoiber vielleicht ein wenig weiß-blauer als sonst woanders auf der Welt.

Politikerberuf, Ehemann, Familienvater – das ist oft schwierig unter einen Hut zu bekommen. Immerhin darf das Private nicht zu kurz kommen und die Politik nicht alles auffressen. Edmund und Karin Stoiber haben viele Gespräche darüber geführt und eine Art »Familien-Management« entworfen, das das Zusammenleben regelte. Da gab es beispielsweise »Mami-Tage« und »Papi-Tage«, an denen ein Elternteil mit nur einem Kind einen Ausflug unternommen hat. Dann konnten Elternteil und Kind sich einmal ganz nahe sein und in Ruhe Dinge miteinander besprechen, die sonst nicht möglich sind. Diese Papi- und Mami-Tage sind auch heute noch Usus im Hause Stoiber mit den zwischenzeitlich erwachsenen Kindern.

Edmund und Karin Stoiber haben einen lebendigen Freundeskreis, zu denen nicht nur ihre erwachsenen Kinder zählen, die heute die »besten Freunde« sind, sondern auch nahe Verwandte und Menschen, mit denen sie seit vielen Jahren eine gute Beziehung pflegen. Gemeinsam gemütlich zu Abend essen, Feste feiern, gute Gespräche führen und gemeinsam Spaß haben, das war für Edmund und Karin Stoiber immer eine wichtige Bereicherung in ihrem Leben. Dass es dabei manchmal auch vier Uhr morgens geworden ist, hat beiden nichts ausgemacht. Sie wissen, wie wichtig es ist, schöne Stunden zu genießen, insbesondere wenn die freie Zeit so gering bemessen ist wie bei ihnen.

Seit Edmund Stoiber Ministerpräsident ist, hat auch Karin Stoiber einen vollen Terminkalender. Sie nimmt eine Fülle von protokollarischen Aufgaben an der Seite ihres Mannes wahr. Zudem nimmt sie sich sozialer Projekte an. Sie kümmert sich hauptsächlich um Kinder, Behinderte und ältere Menschen, weil diese in der Gesellschaft zur Durchsetzung ihrer Interessen kaum eine Lobby haben.

So wurde zum Beispiel der Bau eines barrierefreien Spielplatzes für blinde und mehrfach behinderte Kinder ermöglicht. In einer Klinik für Kinder- und Jugendpsychiatrie können den kleinen Patienten therapeutische Freizeiteinrichtungen zur Verfügung gestellt werden. Bei Staatsbanketten brennen in den Silberleuchten die Kerzen der Behindertenwerkstatt der Dorfgemeinschaft Hohenroth.

Durch ihren unermüdlichen Einsatz gelingt es Karin Stoiber, beachtliche Spenden zu sammeln. Die ordnungsgemäße Verwendung der Spendengelder überwacht sie selbst. Daher setzt sie sich hauptsächlich für Institutionen in Bayern ein. Nur in Ausnahmefällen, wenn sie das Projekt und die handelnden Personen persönlich kennt, durchbricht sie ihren Grundsatz.

Karin Stoiber ist keine Frau, die im Schatten ihres Mannes steht, sondern eine Frau, die, ob alleine oder zusammen mit ihrem Mann, eine gute Figur macht. Edmund Stoiber weiß das zu schätzen: »Wenn man die große Aufgabe übertragen bekommt, Ministerpräsident dieses alten Kulturstaates Bayern zu sein und damit der erste Repräsentant dieses Landes, dann braucht man eine Frau an seiner Seite, die Zeit hat, die sich nicht absentiert, die diese Aufgabe gerne mit übernimmt.«

Karin Stoiber ist genau die Frau, die ein Ministerpräsident an seiner Seite braucht: Liebenswürdig, offen, strahlend, positiv, herzlich. Dass er seinen Erfolg auch seiner Frau verdankt, ist Edmund Stoiber bewusst. So schließt er sein Buch »Edmund Stoiber privat« mit einer Liebeserklärung an seine Frau ab: »Wir sind jetzt 34 Jahre verheiratet, für mich ist meine Frau nach wie vor die einzige, die ich mir vorstellen kann. Ich liebe sie nicht wie am ersten Tag, sondern mehr.«

Und was wünschte Karin Stoiber ihrem Mann zum 60. Geburtstag? »Dass er noch viele schöne Stunden mit mir und der ganzen Familie verbringen kann.« Und sie strahlte dabei in ihrer gewohnten Art. Der Ministerpräsident von Thüringen, Bernhard Vogel, überreichte Edmund Stoiber anlässlich der großen Geburtstagsfeier in der Staatskanzlei ein Porzellan-Paar mit den Worten: »Weil das Ehepaar Stoiber so vorbildlich ist.«

(Die Autorinnen danken Edmund und Karin Stoiber für ihre freundliche Mitwirkung an diesem Porträt.)

Rezept für eine glückliche Ehe

Thekla Carola Wied: »Man muss Interesse am anderen zeigen und nicht einfach nebeneinander herleben, sondern auch etwas dafür tun, dass die Liebe nicht irgendwann einschläft. Komplimente sind wichtig, auch Liebesbeweise.«
Thekla Carola Wied: »Ich bekomme seit Jahren einen Liebesbrief von meinem Mann. Und zwar jeden Tag. Bevor er zur Arbeit fährt, stellt er mir den Kaffee warm und schreibt mir ein liebes Zettelchen. Seine Fantasie ist da praktisch unerschöpflich.«

Hannes Rieckhoff, Manager, und Thekla Carola Wied, Schauspielerin (seit 1992 verheiratet)

Senta Berger & Michael Verhoeven

Die Neigung und Begabung für den künstlerischen Bereich hat die beliebte Schauspielerin Senta Berger, geboren am 13. Mai 1941 in Wien, von ihrem Vater geerbt. Sein musikalisches Talent hatte ihn als jungen Mann an die Musikhochschule geführt, doch anstatt Komponist zu werden wie angestrebt, fügte er sich dem Wunsch der Eltern und übernahm den kleinen handwerklichen Familienbetrieb. In seiner Freizeit aber spielte der Vater regelmäßig mit seinem Trio in einem Wiener Wirtshaus.

Senta, die schon im Alter von vier Jahren Noten lesen konnte und eine angenehme Stimme hatte, durfte ihren Vater manchmal dorthin begleiten. Gemeinsam traten sie dann auf: Er spielte Klavier und sie sang dazu. Die kleine Senta machte eine gute Figur auf der Bühne und träumte davon, Tänzerin zu werden. Jahrelang besuchte sie eifrig die Ballettschule. Doch in der Pubertät gab sie ihren Traum auf und wandte sich stattdessen der Schauspielerei zu.

Wie Senta Berger hat auch der Schauspieler und Regisseur Michael Verhoeven, geboren am 13. April 1938 in Berlin, seine Neigung und Begabung für die Filmkunst von seinem Vater, dem unvergessenen Schauspieler und Regisseur Paul Verhoeven, geerbt. Obwohl Michael Verhoeven bereits während der Schulzeit immer wieder kleine Filmrollen übernahm und eine Neigung für diesen Bereich verspürte, studierte er nach dem Abitur Medizin und wurde Arzt. Doch die Schauspielerei und das Film-Metier ließen ihn nicht los.

Die beiden, mit dem Erbgut ihrer Väter ausgestatteten jungen Menschen lernten sich im Jahr 1963 bei den Dreharbeiten zu dem Film »Jacky und Jenny« kennen und lieben. Senta Berger erinnert sich: »Ich hatte Michael in meinem VW ins Studio mitgenommen. Und wir hatten uns die ganze Zeit über den Film von Fellini »8 $^1/_2$« gestritten. Und ich habe aus lauter Verwirrung – oder weil er mir wahnsinnig gut gefiel – jede rote Ampel auf dem Ku'damm überfahren.«

Im Jahr 1963 war die attraktive Senta Berger nicht nur eine der meistbeschäftigten deutschsprachigen Schauspielerinnen, sondern auch auf dem Weg, Amerika zu erobern. Richard Widmark, der sie im Kriegsepos »Die Sieger« gesehen und bewundert hatte, holte sie nach Hollywood, wo sie in verschiedenen Filmen an der Seite von Weltstars wie Charlton Heston, Kirk Douglas, Frank Sinatra, Yul Brynner und John Wayne spielte.

Die Jahre in Amerika bezeichnet Senta Berger als die Zeit, in der ihr der Beruf erst richtig wichtig geworden ist. »Vorher war alles mehr spielerisch, unbewusst. Bevor ich nach Amerika ging, hatte ich ernsthaft erwogen mit der Schauspielerei aufzuhören. Mehrere Entwicklungen liefen parallel ab: Das Kennenlernen mit Michael, meine damalige Entmutigung im deutschen Film, meine Überlegung, Theaterwissenschaften zu studieren. Dann kam 1963 das erste Angebot aus Amerika. Das wollte ich ausprobieren. In den USA habe ich zum ersten Mal begriffen, dass die Schauspielerei wirklich ein Beruf ist und sehr ernst genommen wird ... Mir wurde klar, dass jeder dafür Verantwortung trägt, ob ein Film ein Erfolg wird oder nicht. Und dass man sich dem Produkt auch verpflichtet fühlen muss.« Senta Berger entwickelte Spaß daran, ihr Handwerk zu können und das, was sie machte, auch nach außen zu vertreten.

Senta Berger ist dem Gerücht, sie habe Hollywood aus Liebe zu ihrem Mann Michael Verhoeven verlassen, immer wieder energisch entgegen: »Das ist ein Gerücht, mit dem ich aufräumen möchte. Mein Mann hat mich immer in meinem Job bestärkt und mich auch ermutigt in Amerika zu bleiben. Wir haben dort einige Jahre zusammen gewohnt. Er hat als Arzt in einem Hospital gearbeitet, aber mit mir ist es nicht weitergegangen als Schauspielerin. Ende der 60er-Jahre wurden die Filme immer amerikanischer. Man brauchte ›Real American Girls‹, und ich war eben keine Amerikanerin. Somit wurde mein Aufgabengebiet immer limitierter.«

Noch vor ihrer Heirat am 28. September 1966 gründeten Senta Berger und Michael Verhoeven die »Sentana Filmproduktion«. Einer der Hauptgründe der Firmengründung: Sowohl Senta Berger als auch Michael Verhoeven wollten Filme machen, in denen sie eigene Ideen verwirklichen und für die sie selbst die Drehbücher schreiben oder heraussuchen konnten. Damit aber standen sie, wie andere Filmemacher zu jener Zeit auch, vor dem Problem, dass sie jemanden brauchten, der diese Filme produzierte, was sich jedoch als schwierig erwies.

Der Debütfilm von Michael Verhoeven als Regisseur im Jahr 1968 hieß »Paarungen«. Das frei nach Strindbergs »Totentanz« gedrehte Werk erhielt einen deutschen Filmpreis. Dieser Erfolg war der Motor für weitere Projekte. Michael Verhoeven machte sich vor allem einen Namen mit zeitkritischen Filmen, in denen er die jüngste NS-Vergangenheit Deutschlands in Filmen festgehalten und dabei Täter, Opfer und Mitläufer dokumentiert hat. Mit Filmen wie »Die weiße Rose«, »Das schreckliche Mädchen« (ausgezeichnet mit dem Silbernen Bären) und »Mutters Courage« (ausgezeichnet mit dem Hauptpreis des Internationalen Filmfestivals Jerusalem) wurde er erfolgreich. 1973 gab er seinen bürgerlichen Beruf, die Medizin, endgültig auf.

In den Anfangsjahren der »Sentana« spielte Senta Berger in den gemeinsamen Produktionen nur selten mit. Sie hatte sich zwischenzeitlich in Italien eine zweite Karriere aufgebaut und drehte eine Reihe von Unterhaltungs- und Abenteuerfilmen, von denen allerdings die meisten im deutschsprachigen Raum nicht zu sehen waren. 1970 trat sie erstmals in der eigenen Produktion »Wer im Glashaus liebt« auf, in der Michael Verhoeven Regie führte.

Senta Berger stand der gemeinsamen Filmarbeit mit ihrem Mann in den Anfangsjahren ihrer Ehe ziemlich skeptisch gegenüber. »Als ich vor 30 Jahren mit Michael gedreht habe, war es noch schwierig. Man muss die richtige Umgangsform finden, wenn man ein Paar ist, wenn man ein Liebespaar ist und miteinander arbeitet. Eine gewisse Distanz muss gewahrt werden und dazu war ich als junge Frau gar nicht im Stande. Ich war so emotional, wenn ich meinen Mann gesehen habe, dass ich ihn gar nicht als Regisseur respektiert habe, und umgekehrt war das auch so. Wir wussten beide, dass wir noch lange brauchen werden, um die nötige Arbeitsdistanz zu finden.«

Was am Anfang mit Schwierigkeiten verbunden war, hat sich in den vielen Jahren ihrer gemeinsamen Partnerschaft als fruchtbare Teamarbeit erwiesen. Nicht nur dass sie beide eine gute Basis für ihre Zusammenarbeit gefunden haben, sie können auch auf eine Reihe von schönen Erfolgen zurückblicken, beispielsweise die bekannten Serien »Die schnelle Gerdi« (1989) und »Lilli Lottofee« (1992) oder die Fernsehfilme »Liebe Melanie« (1983) und »Killing Cars« (1985).

Sowohl Michael Verhoeven als auch Senta Berger freuen sich heute, wenn sie gemeinsam einen Film machen können, wie beispielsweise im Jahr 1999, als Senta Berger eine Rolle im Film »Zimmer mit Frühstück« angeboten bekam. In einem Interview sagte sie dazu: »Ich habe gesehen, das ist eine schöne kleine Geschichte, die nicht mehr sagen will, als sie ist, anständige Dialoge. Also konnte ich mir gut vorstellen, eine Rolle darin zu übernehmen. Fast zeitgleich, als ich das Buch hatte, rief mich Georg Althammer an und fragte mich, ob es mich stören würde, wenn er die Regie dem Michael anbietet. Ich sagte: ›Nein, das stört mich nicht.‹« Michael Verhoeven fand die Geschichte ebenfalls gut und nahm das Angebot an. Aber es war nicht nur die Story, die ihm gefiel, sondern es war auch die Tatsache, dass er sich darauf freute, wieder einmal mit seiner Frau zusammen zu arbeiten.

Nicht nur beruflich konnte das Ehepaar Senta Berger und Michael Verhoeven schöne Erfolge feiern, sondern auch privat verlief alles nach Wunsch: 1972 wurde Sohn Simon Vincent geboren, 1979 kam der zweite Sohn Luca Paul auf die Welt. Die Kinder nahmen fortan einen breiten Raum im Leben von Senta Berger und Michael Verhoeven ein. Da es sich mit der familiären Situation besser vereinbaren ließ, widmete sich Senta Berger fortan dem Theater. Sie spielte unter anderem am Wiener Burgtheater und am Hamburger Thaliatheater. Von 1974 bis 1982 stand sie bei den Salzburger Festspielen als Buhlschaft in »Jedermann« auf der Bühne – zuerst neben Curd Jürgens und dann neben Maximillan Schell.

Mit Helmut Dietls Fernseh-Kultserie »Kir Royal« schaffte Senta Berger 1985/86 das große Comeback im deutschsprachigen Raum. Die Rolle der Mona, Freundin des Klatsch-Kolumnisten Schimmerlos, die plötzlich die Chance bekommt, ihren Mädchentraum, das Singen, zu verwirklichen, war ihr auf den Leib geschrieben. Senta Berger, die mit einem Song aus »Kir Royal« Erfolg hatte, begann auch im realen Leben wieder Chansons zu singen und nahm einige Singles und CDs auf.

Senta Berger und Michael Verhoeven führen seit 35 Jahren eine Ehe ohne Skandale. Für die unstete Filmwelt, in der Ehen zumeist nur von kurzer Dauer sind, sind sie eine erfreuliche Ausnahmeerscheinung. Beide haben die Verpflichtung auf sich genommen, ihr gemeinsames Leben zu lieben und für ihr Glück zu kämpfen. Es ist beiden bewusst, dass die Erhaltung eines gemeinsamen Glücks zu den schwierigsten Dingen überhaupt zählt. Sie kennen die Wellen und Täler, durch die man als Paar hindurchgeht und die zu bewältigen nicht immer leicht ist.

Oft erwartet man vom Partner etwas, das der andere nicht geben kann. Und wenn die Erwartungen nicht erfüllt werden, dann kann es vorkommen, dass man leicht enttäuscht oder gekränkt ist. Das rechte Maß zu finden bei der Frage, was kann ich vom anderen erwarten, wie weit kann ich gehen, ist ein kontinuierlicher Lernprozess für beide. »Je länger ich mit meinem Mann zusammenlebe«, so Senta Berger, »desto mehr verschließe ich mich. Mit den Jahren weiß man, wie viel kann und darf ich meinem Partner zumuten, was muss ich mit mir alleine ausmachen. Wirklich schön ist, dass über allem, was passiert, dieses Gefühl füreinander steht.« Sie findet es wunderbar, einen Partner zu haben, der gut zuhören kann, aber sie weiß auch, wie wichtig es ist, selbst Antworten auf bestimmte Fragen zu finden anstatt den anderen damit zu belasten.

Das Ehepaar Berger/Verhoeven kann sich ein Leben ohne einen Partner nicht vorstellen. Senta Berger: »Ich habe in meinem ganzen Leben nicht eine Woche alleine gelebt. Seit meinem 22-sten Lebensjahr lebe ich zu zweit. Auch wenn ich häufig lange alleine bin, bedeutet es eben nicht, dass ich alleine lebe, sondern dass ich alleine bei Dreharbeiten, alleine in einem Hotelzimmer bin. Und das lässt sich sehr gut aushalten, wenn man weiß, dass man eigentlich zu zweit ist. Ich kann mir keine andere Lebensform vorstellen als die mit meinem Mann. Diese Basis zu haben und in dieses Zuhause zurückkehren zu können, gibt mir den Mut und die Kraft, in der Öffentlichkeit zu arbeiten.«

Viele Jahre war Senta Berger stark an die Kinder gebunden und damit beschäftigt, Beruf und berufsbedingte Reisen, Familie und Haushalt unter einen Hut zu bekommen. Das war nicht immer leicht für sie. In ihrer Erziehung versuchte sie den Kindern das weiterzugeben, was sie selbst als Kind von ihren Eltern erhalten hatte: Wärme, Zuwendung und Herzlichkeit. Dabei war ihr ihre Mutter, die seit dem Tode des Vaters 1984 mit im Haus in Grünwald lebte, eine große Hilfe.

Die Kinder entwickelten sich zur großen Freude von Senta Berger und Michael Verhoeven gut, aber sie brachten auch die üblichen Probleme mit sich, beispielsweise Diskussionen ums Taschengeld oder ums Schuleschwänzen. Sorgen machten sich die Eltern, als sich in der Pubertät die Maßstäbe der Kinder verschoben. »Mein Mann und ich haben versucht dagegenzuhalten: ›Tut mir Leid, ich kann dir kein Auto vor die Tür stellen‹ – ›Wieso eigentlich?‹ – ›Dann musst du eben jobben gehen im Supermarkt.‹«

Beide Söhne traten in die Fußstapfen ihrer berühmten Eltern: Simon, der schon mit 13 Jahren Kurzgeschichten zu schreiben begann und nebenher kleine Rollen spielte, studierte am Lee Strassberg Theater Institute in New York und ist heute ein erfolgreicher Jung-Regisseur. Luca folgte ebenfalls dem Beispiel seiner Eltern – eher per Zufall als beabsichtigt. Er wurde eines Tages am Sendlinger Tor von einem Casting-Agenten angesprochen, der nicht wusste, wer er war. Nur aus Jux füllte Luca den Fragebogen aus und schrieb lauter »Schmarren« rein. Doch der Schmarren kam gut an: Noch am selben Abend erhielt er ein Fax mit einem Vorsprechtext. Es ging um einen Film mit Ornella Muti. Senta Berger und Michael Verhoeven beurteilten das Filmdebüt ihres Sohnes mit wohlwollender Gelassenheit. Ihre einzige Bedingung war, dass er die Schule zu Ende machen und das Abitur ablegen sollte.

Starke, selbstständige Frauen, mal gelassen, mal emotional, sind die Domäne von Senta Berger in ihren Fernsehfilmen. Dazu zählen solche Rollen wie die der Frau Dr. Martin aus der ARD-»Ärzte«-Reihe und dem Vierteiler »Liebe und andere Katastrophen«, in dem sie die Mutter eines behinderten Kindes darstellte. Leidenschaftlich ist Senta Berger auch in Sachen Liebe und Treue in ihrer eigenen Ehe. In einem Interview gab sie einmal zu, dass sie »ganz furchtbar eifersüchtig« sei. Verstand und Herz kämpfen in solchen Situationen gegeneinander. Ob sie ihrem Mann einen Seitensprung verzeihen würde, weiß sie nicht, denn sie ist bis dato ungeprüft. Eines allerdings ist sicher: Sie kann Lügen nicht ertragen, dann schon lieber die Wahrheit, auch wenn sie schmerzlich sein sollte.

Als wichtig erachtet es Senta Berger, dass man dem Partner immer wieder zeigt, wie sehr man sich auf ihn freut, beispielsweise, wenn er nach einer Auslandsreise wieder nach Hause kommt. Wenn es ihr zeitlich möglich ist, fährt sie persönlich zum Flughafen und holt ihren Mann ab. Es ist für sie etwas Selbstverständliches, dass sie sich vorher schön für ihn macht. »Wenn ich ihn am Flughafen abhole, dann habe ich auch heute noch ein richtiges Kribbeln im Bauch«, sagt sie.

Senta Berger und Michael Verhoeven kennen kein Patentrezept für eine dauerhaft glückliche Ehe. »Würden wir eines haben, dann würden wir ein Buch darüber schreiben und damit Millionen verdienen.« Sie glauben, dass eine Ehe wahrscheinlich nach den gängigen Regeln funktioniert: »Dass man nicht versucht einander zu ändern. Dass man viel miteinander erlebt, was verbindet. Aber über so was haben wir nie nachgedacht. Wir wollten einfach nur zusammen sein.«

Die Ehe von Senta Berger und Michael Verhoeven funktioniert nach eigenen Aussagen zum Teil nach der alten Regel: »Gegensätze ziehen sich an.« Senta Berger: »Wir sind wie Feuer und Wasser. Was nicht heißt, dass ich immer das Wasser bin. Ich kann unglaublich jähzornig sein. Und wenn's bei uns gekracht hat, ist in der Regel mein Mann derjenige, der als Erster nachgibt. Mit den Jahren habe ich allerdings gelernt, mein Temperament einigermaßen im Zaum zu halten.«

Senta Berger, die Stierfrau, und Michael Verhoeven, der Widdermann, staunen auch heute immer noch darüber, wie verschieden sie sind. Diese Unterschiedlichkeit hat bei beiden all die Jahre eine nie endende Neugierde auf den anderen lebendig erhalten. Die Unterschiede führten jedoch auch manchmal dazu, dass sie sich heftig über den anderen aufregten.

Auch nach 35 Jahren Ehe prickelt es noch in der Ehe von Senta Berger und Michael Verhoeven. Sie finden einander immer noch ausgesprochen anziehend. Fast möchte man einfügen »kein Wunder«, denn Senta Berger sieht auch mit 60 noch fantastisch aus. Dennoch bedeutet die gegenseitige Anziehungskraft nicht, dass Flirten grundsätzlich verboten ist. Senta Berger: »Eine Menge junger Männer schauen mir auf der Straße hinterher und ich genieße das. Ich flirte auch leidenschaftlich gerne mal mit jüngeren Männern. Genauso wie mein Mann gerne mit jüngeren Frauen flirtet.« Sie bezeichnen Flirten als ein prickelndes Spiel, das das Leben bereichert. Dennoch führen Senta Berger und Michael Verhoeven eine Ehe nach dem Motto: »Ich bin dein und du bist mein.«

Es ist ein wenig stiller geworden im Haus, seitdem die geliebte

Mutter von Senta Berger im Alter von 97 Jahren im letzten Jahr gestorben ist. Und es ist stiller geworden, seit Simon aus dem Haus ist und auch Luca seine eigenen Wege geht. Senta Berger gibt zu, dass ihr die Kinder fehlen, insbesondere die Atmosphäre der kleinen Kinder. Sie sieht jedoch im Ablösungsprozess der Kinder auch eine Chance für einen neuen Lebensabschnitt. »Dass die Runde am Tisch kleiner geworden ist, macht mich einerseits zwar immer wieder sentimental. Andererseits eröffnet es aber meinem Mann und mir einen neuen Lebensabschnitt. Wir können noch mal so leben wie anfangs, als wir noch keine Kinder hatten.«

Michael Verhoeven und Senta Berger gehen mit dem neuen Lebensabschnitt ganz nach ihrer eigenen Art um: Sie konzentrieren sich auf ihre Arbeit, verwirklichen die Projekte, für die sie früher keine Zeit und Muße hatten. Senta Berger findet nun auch Zeit für Dinge, die sie bislang weitgehend zurückgesteckt hat, beispielsweise Lesen und Spaziergänge in der Natur. »Es tut mir gut, an der Isar in München zu laufen. Das Wasser ist was Beruhigendes und was Ewiges und so ein Baum hat auch schon mehr gesehen als ich.«

Angst vor dem Älterwerden hat die zeitlos schöne Senta Berger nicht – sie hält es für das Klügste, es einfach zuzulassen und die Erotik und Sinnlichkeit nicht zu verlieren. »Ein Leben ohne Erotik könnte ich mir gar nicht vorstellen. Erotisch zu sein bedeutet doch auch lebensfroh und sinnlich zu sein. Dazu gehört essen, trinken, reden, aber auch das Berühren von Haut und Haar. Deshalb bin ich froh, dass es Erotik auch im Alter gibt.«

Quellen:

Heiko R. Blum, Senta Berger, Heyne Verlag, 2001
Artikel: Starke Frauen – Senta Berger, Super Illu Online
Zeitschrift Ab 40, Auszug aus dem Buch: Ute Karen Seggelke, Frauen über 50, Verlag Gerstenberg, 1999
Dirk Jasper Filmstarlexikon, Interview mit Senta Berger anlässlich der Ausstrahlung von »Die lange Kulmbacher Filmnacht«

Rezept für eine glückliche Ehe

Joanne Woodward: »Wir nehmen uns viel Zeit füreinander. Man verliert sonst die emotionale Verbindung, wenn man nicht regelmäßig Zeit miteinander verbringt. Aber wir geben einander auch Raum und respektieren unsere Unterschiede.«
Paul Newman: »Ich kann mir ein Leben ohne Joanne und die Kinder nicht vorstellen.«

Joanne Woodward und Paul Newman, US-Schauspieler
(seit 44 Jahren verheiratet)

Thomas & Thea Gottschalk

Thomas Gottschalk gehört zu den wenigen Deutschen, die sich bereits zu Lebzeiten ein Denkmal gesetzt haben. Er ist Deutschlands erfolgreichster Showmaster, der Quotenkönig, der Liebling der Nation, der ewige Sonnyboy, dem das Publikum jedes Mal gespannt zuschaut, wie er seine Sendung »Wetten, dass ...?« mit schlagfertigem Witz und Pep moderiert. Er ist jedoch nicht nur als Showmaster bekannt, sondern auch als Gummibärchen-Werbeträger. Alle, die gerne Süßes naschen, kennen den sympathischen »Haribo-Onkel« – Kleinkinder, Teens und Twens, Senioren, und selbst die Ur-Oma denkt an Thomas Gottschalk, wenn sie sich genüsslich ein paar Gummibärchen in den Mund schiebt.

Dass er einmal Deutschlands beliebtester Showmaster werden würde, hätte sich Thomas Gottschalk, geboren am 18. Mai 1950, als Jugendlicher sicherlich nicht träumen lassen. Der Sohn eines Rechtsanwalts wuchs mit dem jüngeren Bruder Christoph und der ebenfalls jüngeren Schwester Raphaela in Kulmbach auf. Der Vater starb, als Thomas 13 war, Mutter und Kinder rückten daraufhin besonders eng zusammen – und sind auch heute noch eine Einheit. Nach dem Abitur am Humanistischen Gymnasium schlug Thomas die Lehrer-Laufbahn ein. Mit vollem Erfolg: Er ist examinierter Grundschul- und Hauptschullehrer. Bereits während des Studiums (Germanistik und Geschichte) entdeckte er seine wahre Berufung.

Ab 1971 arbeitete er als freier Mitarbeiter des Jugendfunks beim Bayerischen Rundfunk. 1973 wurde er Sprecher der Abendschau-Nachrichten. Zudem sollte er Verkehrsmeldungen vorlesen, und zwar Wort für Wort so, wie sie auf seinem Manuskript standen. Und was machte Thomas Gottschalk daraus? Er sagte: »Auf der Autobahn Salzburg–München ist ein Pferd entlaufen.« Und fügte hinzu: »Wenn Sie ihm begegnen, halten Sie ein Büschel Heu aus dem Fenster.« Na so was! Außerdem zog er im Studio immer die Schuhe aus. Die Service-Damen mussten Schmiere stehen, falls der Chef kam. Trotz des Ärgers, den Thomas Gottschalk gelegentlich bei seinen Chefs erregte, erhielt er 1976 dennoch eine Chance, nämlich die Moderation der Sendung »Pop nach acht«. Sie dachten wohl, in dieser toten Radiozeit kann nicht viel passieren. Aber sie täuschten sich: »Pop nach acht« wurde der Renner.

Thomas Gottschalk gehörte zu der jungen Radiogeneration wie

Günther Jauch, Fred Kogel oder Fritz Egner, die, in der Nachfolge der Jugendrevolte, das steife Programm mit lockeren Sprüchen und schnoddrigen Ansichten aufmischten: lecker, locker, leicht gekocht. Die Jungs waren respektlos, aber höflich, hatten lange, aber frisch geföhnte Haare, sie waren die Fortsetzung der 68er-Revolution, aber pflegeleicht. Dabei waren sie hilfreich und tolerant: Sie wollten den anderen den Spaß nicht verderben, sie wollten unterhalten.

Nach dem Rundfunk folgte das Fernsehen, denn dort lag die Zukunft des begabten, jungen Moderators. Den Durchbruch beim Fernsehen schaffte Thomas Gottschalk mit der ARD-Sendung »Telespiele« (ab 1977) und im Anschluss daran mit der erfolgreichen ZDF-Show »Na so was« (ab 1982).

Thomas Gottschalk bezeichnet sich als Menschen, der viel Glück in seinem Leben gehabt hat. Zweimal jedoch schlug Fortuna besonders zu. Das erste Mal 1971, als er seiner späteren Frau Thea begegnete; das zweite Mal 1987 als er das Angebot des ZDF erhielt, die erfolgreichste Samstagabendschau »Wetten, dass ...?« von Frank Elstner zu übernehmen.

Heute ist Thomas Gottschalk »Mr. Wetten, dass ...?« und einer der populärsten und am besten verdienenden Showmaster im deutschsprachigen Raum. Im vergangenen Jahr gab es ein Jubiläum besonderer Art: 20 Jahre »Wetten, dass ...«. Thomas Gottschalk will die Sendung noch weitermachen. Wie lange? Sein Kommentar: »Solange es kein anderer besser macht und solange es die Leute wollen.« Er könne es sich gut vorstellen, auch mit 70 noch sechs »Wetten, dass ...?«-Sendungen im Jahr zu machen und dazu noch »1000 Jahre deutsche Eiche« oder »100 Jahre Bundesbahn«. Ihm mache sein Job nämlich sehr viel Spaß, bekundet er.

Eine, die den Karriereweg des Thomas Gottschalk entscheidend mit beeinflusst hat, ist seine Frau Thea, geboren 1949. Am 11. November 1976 haben sie geheiratet, wobei sinnigerweise nicht er ihr, sondern sie ihm den Heiratsantrag gemacht hat. Als im Jahr 1982 Sohn Roman geboren wurde, gab Thea, von Beruf Modedesignerin, ihre Arbeit in einer Marketingfirma auf. Sie bereute diesen Schritt nie und sagte in einem Interview: »Das frustrierende Gefühl vieler Frauen, zu Gunsten der Familie etwas aufgegeben zu haben, was mir wichtiger gewesen wäre, kenne ich nicht.« Als Ehefrau habe sie ihren Job in der Werbebranche aufgegeben, nachdem sie gemerkt habe, »dass er in seinem Job besser war als ich in meinem«.

Mit ihrem Know-how und ihren Erfahrungen in der Mode- und Marketingbranche hat Thea auch ihrem Mann dabei geholfen, eine Unique-Selling-Position aufzubauen. Ausgestattet mit einem Hang zu exzentrischer Kleidung hat sie das Outfit für seine Shows mitkreiert, was beim Publikum sehr gut ankam und bei den Zuschauern jedes Mal die Frage aufgeworfen hat: »Was hat wohl Thomas Gottschalk in der nächsten Sendung wieder Ausgefallenes an?« Auf den wenigen Fotos, die es von Thea Gottschalk gibt, sieht man sie selbst stets in ausgefallener, ja fast exzentrischer Kleidung und Aufmachung. Eines von vielen Details, bei denen Thea und Thomas Gottschalk gut zusammenpassen.

Das junge Paar wohnte in den Anfangsjahren ihrer Ehe in München in einer Tiefparterre-Wohnung, hübsch-hässlich anzuschauen, die Thea mit ihrer Begabung für Innendekoration so lange umgestaltet und ausgestaltet hat, bis die Wohnung nicht mehr wieder zu erkennen war. Selbst der Vermieter zeigte sich begeistert.

Die Leidenschaft zum kreativen Gestalten und Umgestalten hat Thea mit in die Wiege gelegt bekommen. Schon als Kind hat sie ihre Eltern mit ihrem Hang zur Umgestaltung der Inneneinrichtung genervt. So richtig »austoben«, wie sie sagt, konnte sie sich jedoch erst in der eigenen Wohnung. Zwanzig Mal sind Gottschalks zwischenzeitlich umgezogen, was zur Folge hatte, dass Thea jedes Mal erneut ihre kreativen Vorstellungen verwirklichen konnte. Einen Zustand der Perfektion fand sie jedoch nur vorübergehend, weil ihre kreative Ader die Perfektion schon bald wieder veränderungs- und verbesserungsbedürftig fand. Auf die Frage ihres Mannes anlässlich ihrer silbernen Hochzeit: »Besteht die Hoffnung, dass du irgendwann aufhörst, die Möbel rumzuschieben und irgendwann sagst: ›Jetzt ist das Haus perfekt.‹?« antwortete sie: »Leider kaum. Das war meine Leidenschaft, seit ich denken kann.« In bekannt flapsigem Ton sagte Thomas Gottschalk daraufhin: »Meinen Segen hast du und das Kompliment muss ich dir machen: Egal, wo ich bin, zu Hause es ist schöner.«

Thomas und Thea Gottschalk führen seit 1976 eine skandalfreie Ehe, auch wenn die Presse dem Sonnyboy Thomas Gottschalk im

Laufe der Jahre so manche Affäre angedichtet hat. Nach Sohn Roman kam im Jahr 1989 noch Sohn Tristan hinzu, den das Ehepaar Gottschalk adoptiert hat. Da die Geburt von Roman problematisch verlaufen war, wollten Thomas und Thea Gottschalk nicht das Risiko einer zweiten Geburt eingehen und entschieden sich schon bald nach Romans Geburt für eine Adoption. Fünf Jahre lang standen sie beim Jugendamt auf der Warteliste, ehe sie Tristan bekamen. Thea Gottschalk: »Für mich gibt es keinen Unterschied zwischen den Kindern. Tristan ist für mich nicht wie unser Kind. Er ist unser Kind.«

In den Anfangsjahren seiner Moderatorenlaufbahn, als Thomas Gottschalk immer populärer und bekannter wurde, empfand er es als aufregend, im Mittelpunkt zu stehen. Thea Gottschalk reagierte auf die zunehmende Aufmerksamkeit eher zurückhaltend, ja manchmal sogar abweisend. Sie stand nicht gerne im Mittelpunkt des Geschehens, sondern war lieber stiller Betrachter. In einem Gespräch mit ihrem Mann blickt sie zurück: »Erinnerst du dich noch an unseren ersten Filmball? Ich hatte ein selbstgenähtes Kleid an und du trugst Turnschuhe zum Smoking. Wir konnten gar nicht fassen, dass die uns reingelassen haben. Fotografiert wurden wir zweimal, doch erschienen ist gar nichts. Damals hatten wir einen Riesenspaß und konnten selber gucken. Das hat mir immer besser gefallen als beguckt zu werden.«

In den 90er-Jahren war Thomas Gottschalk so bekannt in Deutschland, dass er nicht mehr ungestört leben konnte. Wohin er auch ging, überall wurde er angesprochen oder am Ärmel gezupft. »Ich bin jeden Tag 100 Leuten begegnet«, so Thomas Gottschalk, »darunter waren 90 vernünftige Menschen, aber zehn Idioten. Macht in der Woche etwa 70 Idioten. Das war irgendwann nicht mehr auszuhalten.«

Auch Thea Gottschalk und den Kindern erging es nicht viel anders, als ihr privates Leben zunehmend in die Öffentlichkeit gelangte. Mit den Jahren war Thea Gottschalk immer weniger bereit, ihr Privatleben an die große Glocke zu hängen. Auch die ständigen Geschichten über sie und ihren Mann und angebliche Ehekrisen in den Zeitungen fand sie unerträglich. »Früher hab ich mich wahnsinnig über so was aufgeregt«, sagt sie, »weil mir jeder Gemüsehändler nach solchen Geschichten sein Beileid ausgesprochen hat oder zumindest mitfühlend drei Kartoffeln gratis beigelegt hat. Heute regt sich mein Mann viel mehr darüber auf als ich.«

Vor sieben Jahren »flüchtete« Thomas Gottschalk mit Frau und Kindern nach Amerika, dorthin, wo ihn niemand kannte. In Malibu, Kalifornien, kaufte er sich die alte Windmühle eines exzentrischen Engländers, die zum neuen Hauptwohnsitz der Familie wurde. Die Umstellung war anfangs nicht ganz leicht – zu unterschiedlich war der amerikanische vom deutschen »way of life«. Zwischenzeitlich aber fühlen sich die Gottschalks wohl im sonnigen Malibu. Thomas Gottschalk: »Ich genieße das Leben dort total. Da kennt mich keiner, da verneigt sich keiner vor mir, da bin ich unbeobachtet.«

Sohn Roman geht inzwischen aufs College und studiert International Business. Wie alle Eltern sind Thomas und Thea Gottschalk damit konfrontiert, dass der Junior seine ersten Erfahrungen mit dem weiblichen Geschlecht macht. »Ich gönne es ihm von Herzen«, so Thomas Gottschalk, »auch auf die Gefahr hin, dass meine Frau Thea vielleicht mal eifersüchtig wird.«

Sohn Tristan besucht eine amerikanische Schule und stürmt im Footballteam seiner Schule mit. Thomas Gottschalk gilt als hervorragender Vater, vermutlich auch auf Grund der Tatsache, weil er seinen eigenen Vater so früh verlor. Jedenfalls war und ist es für ihn etwas Selbstverständliches, dass er beispielsweise mit seinen Söhnen und deren Freunden Spareribs essen geht, sie auf seinem Motorrad mitnimmt oder mit ihnen im Pool planscht. Er liebt die Lebendigkeit der Kinder und ist bemüht mit komisch-pädagogischer Verzweifelung ihre Streitigkeiten zu schlichten.

Dennoch achten die Eltern Gottschalk darauf, dass ihre Kinder nicht zu sehr »amerikanisiert« werden. »In der Erziehung unserer Kinder zählt nicht, ob sie Deutsche oder Amerikaner sind, sondern dass sie weltoffene Menschen werden«, so Thomas Gottschalk.

Thea liegt das Glück ihrer Kinder sehr am Herzen. Ihre Entscheidungen orientierten sich mit den Jahren immer mehr an den Kindern. Wenn sie beispielsweise die Wahl hatte, zum Deutschen Fernsehpreis mitzukommen, war ihr das nicht die Konsequenz wert, sie drei Tage lang allein zu lassen. Das Beisammensein mit den Kindern, das Für-sie-da-Sein, steht über gesellschaftlichen Events. Davon hat sie ohnehin genug gekostet und geschmeckt haben sie ihr nur selten. Im Gespräch mit ihrem Mann anlässlich der silbernen Hochzeit sagte sie: »Ich war oft genug dabei und weiß, was da abläuft. Ich steh rum und du gibst zweihundert Interviews und quatscht mit hundert Leuten, von denen ich zwanzig kenne. Dabei werden wir tausendmal fotografiert, und die Fotos, auf denen ich am dämlichsten aussehe, landen in der Zeitung.«

Es ist aber beileibe nicht so, dass das Ehepaar Gottschalk völlig zurückgezogen in Amerika lebt. Sie gehen gerne in ein Musical oder besuchen auch gelegentlich Partys oder eine Premiere in Hollywood. Was beide, insbesondere aber Thea, begrüßen, ist, dass die Blitzlichter bei den anderen zucken und nicht bei ihr und ihrem Mann. Thomas und Thea Gottschalk kennen die Stars dieser Welt, haben auch so manche Freunde darunter, aber diese treffen sie am liebsten in privatem Rahmen, denn »die sind anders, wenn sie nicht im Licht der Öffentlichkeit stehen – und ich natürlich auch«, so Thea Gottschalk.

Thomas Gottschalk ist überaus populär. Er ist sich bewusst darüber, dass er als Unterhalter der Nation gehört. »Du kannst nicht davon ausgehen, dass sich jeder deine Sendung anschauen soll, aber am nächsten Tag keiner mehr was von dir will.« Der smarte, ewig junge Sonnyboy versucht so weit wie möglich den Interessen seiner Fans gerecht zu werden. Ja, es scheint so, als liebe er seine Fans, die ihm, wenn sie ihn in Disneyland treffen, ihr Baby für ein Foto in den Arm drücken. Er erträgt diese Zumutungen, weil sie zu seinem Job gehören. Thea teilt die Auffassung ihres Mannes nur bedingt. Sie fühlt sich in erster Linie als Privatperson. Sie gewährt Journalisten und Fotografen keinen Zutritt in ihre Privatsphäre. »Inwieweit die Frau eines öffentlich-rechtlichen Fernsehschaffenden überhaupt die Verpflichtung hat, freundlich in jede Linse zu grinsen, war zwischen uns immer wieder mal ein Thema, selten ein angenehmes«, so Thomas Gottschalk, der damit signalisiert, dass es im Laufe der Jahre zu manchen Diskussionen zwischen ihm und seiner Frau gekommen sein muss.

Thomas Gottschalk gehört als Unterhalter zu den Großverdienern. Er kann sich ein Luxusleben leisten – hat ein exklusives Zuhause, einen Bentley, eine Harley-Davidson, ein zweites Domizil in Amerika, eine Firma in München, die »Dolce Media«, die er zusammen mit seinem Bruder Christoph leitet und die zu den mächtigsten Unternehmen der Unterhaltungsindustrie gehört. Dennoch hat er Bodenhaftung behalten und eine gewisse Bescheidenheit bewahrt. »Ich habe immer noch Spaß daran, zwischen Kaviar und Currywurst rumzueiern. Und ich hab nie vergessen, dass ich auch mal mit 420 Mark Bafög angefangen habe.« Für ihn war das Geld noch nie entscheidend, sondern allen voran der Spaß und die Buntheit seines Jobs. Entscheidend war für ihn auch stets die Freiheit, Fehler zu machen. »Wenn ich Madonna mit Cher verwechsle, glauben die Leute noch, ich hätte das mit Absicht getan.« Das ist wahrer Luxus für Thomas Gottschalk, nicht finanzieller Reichtum und Besitz.

Dass viele Deutsche neidisch sind, hat Thomas und Thea Gottschalk oft gestört, gerade in den Anfangsjahren von »Wetten, dass ...?«, als sie zu den Besserverdienern aufgestiegen sind. Als ein befreundeter Anwalt Thomas Gottschalk eines Tages prophezeite, dass er eines Tages Millionär sein würde, freute sich Thomas Gottschalk nicht sonderlich über diese Vorstellung, sondern dachte sich mit Unbehagen: »Hoffentlich kriegt das dann keiner mit. Das würden mir die Leute nicht verzeihen.« Die Prophezeiung traf ein und das Unbehagen verstärkte sich. Die Angst vor Neid und Liebesentzug des Publikums wuchs. »Ich wollte mir um Gottes willen bloß nicht anmerken lassen, dass ich für den Beruf auch noch bezahlt werde«, so Thomas Gottschalk. Deshalb und auch wegen des Medienrummels verlegte die Familie ihren Wohnsitz nach Amerika. Dort kullert niemand mit den Augen, wenn er im Bentley an die Ampel rollt oder Kaviar isst. Dass die meisten Amerikaner keinen Neid kennen, empfinden Thea und Thomas Gottschalk als äußerst angenehm.

Die Silberhochzeit am 11. November 2001 war für Thomas Gottschalk und seine Frau Anlass, ein wenig zurückzublicken auf ihre gemeinsamen Jahre. Sie sind beide ein bisschen stolz darauf, dass sie so lange Zeit zusammen sind. »Es ist in diesen Zeiten nicht üblich«, so Thomas Gottschalk, »dass zwei Partner, die sich vor dreißig Jahren kennen gelernt haben, eine Beziehung durch ein

Showgeschäft retten, das Erfolg immer nur eine Zeit lang zubilligt. Irgendwann will man den Helden scheitern sehen.«

Thea Gottschalk feierte die Silberhochzeit ohne Ehemann Thomas, denn er befand sich gerade wegen einer Benefiz-Gala in Saarbrücken, berichtete »Bild am Sonntag«. Thea hielt sich unterdessen im Familien-Wohnort in Kalifornien auf und besuchte mit einem gemeinsamen Freund, »Spiegel«-Redakteur Helmut Sorge, die Premiere des Elton-John-Musicals »Aida«. Ehekrise? Nein, Terminüberschneidung! Nachdem Thomas Gottschalk wieder nach Amerika zurückgekehrt war, fuhr das Ehepaar zu einem gemeinsamen »Nach-Flitter-Urlaub« nach Mexiko. Die Ehe Gottschalk hat alle Gerüchte und Wahrheiten, echte und erfundene Krisen überlebt.

Thomas Gottschalk befindet sich am Zenit seines Schaffens. Er ist heute nicht mehr bereit, sein Lebensglück von Umfrageergebnissen, Quoten und Schlagzeilen abhängig zu machen, denn er sieht dadurch die Gefahr, dass es irgendwann weniger wird. Ihm ist eine gut funktionierende Ehe und Familie wichtiger als alles andere. Die Vorstellung, eines Tages nach Hause zu kommen und keiner ist da, findet er wenig einladend. »Dann siehst du sehr, sehr alt aus«, so Thomas Gottschalk, der nicht nur der »König der Spaßkultur« des Fernsehen ist, sondern auch absoluter Familienmensch. Er kann es nur schwer ertragen, mehrere Tage von Frau und Familie getrennt zu sein. Seine Heimatverbundenheit ist groß und auch die Verbundenheit zu seiner Mutter und den beiden Geschwistern, mit denen er einen regen Kontakt hält.

Thomas Gottschalk, der schnelle Wagen und rasante Motorräder liebt, mit Leidenschaft Uhren sammelt, macht einen »pflegeleichten« und liebenswürdigen Eindruck. Auf die, die ihn persönlich kennen, wirkt er wie ein großer Junge und ein ewiges Kind. Er ist hilfsbereit und offen für alles, insbesondere wenn es sich um familiäre Angelegenheiten handelt. So macht es ihm beispielsweise nichts aus, wenn er unmittelbar vor der Live-Sendung »Wetten, dass ...?«, der größten, pannenbedrohtesten, technisch aufwändigsten Show des deutschen Fernsehens, von seiner Frau Thea angerufen wird, die ihm sagt, sie habe ein Problem zu Hause, einen Rohrbruch oder eine kaputte Waschmaschine ... Ob er nicht einen Handwerker anrufen könne? Er kann. Er sagt nicht etwa: Du, ich muss mich jetzt wirklich auf etwas Wichtigeres konzentrieren. Nein, er ruft, zehn Minuten nach acht, fünf Minuten vor der Sendung einen Klempner an.

Als Rezept für eine lange glückliche Ehe sagte Thomas Gottschalk einmal: »Auf keinen Fall Barbara Becker oder Nicole Kidman heiraten.« Thea Gottschalk sagte wie üblich nichts dazu, aber vielleicht kann man das Rezept von Thomas' Schwester, Raphaela, nehmen, die über ihren Bruder sagte: »Wenn wir zusammen im Auto fahren, macht er so viele Witze hintereinander, dass ich sie mir gar nicht merken kann.« Thomas Gottschalks Humor und Witz sind eine gute Würze, die jede Ehe lebendig hält und eine Atmosphäre der Heiterkeit verbreitet. Und wer humorvoll ist, nimmt das Leben und die Hürden im Leben nicht so schwer. Es ist schwer vorstellbar, dass es in der Ehe von Thomas und Thea Gottschalk jemals Langeweile gegeben hat. Bekanntlich aber ist gerade Langeweile einer der größten Feinde in der Ehe.

Thea und Thomas Gottschalk sind ziemlich unterschiedliche Charaktere, aber genau das ist es, was beide brauchen um sich zu ergänzen. Hat man erst mal den Wert des anderen erkannt, ist man auch bereit, so manches zu tolerieren, was vielleicht nicht so ganz ins eigene Weltbild passt. Aber durch die Unterschiede und Gegensätze des anderen erfährt das persönliche Weltbild eine Erweiterung und Bereicherung. Und als Tipp von Frau zu Frau könnte Thea Gottschalk vielleicht ihren Geschlechtsgenossinnen empfehlen: Öfter mal die Möbel umstellen und die Wände andersfarbig streichen – das bringt Abwechslung und frischen Wind in das Wohnfeld und in die Partnerschaft.

Quellen:

Zeitschrift »GALA«, Artikel »Würdest du mich noch mal heiraten?« von Thomas Gottschalk (November 2001)
»Tagesspiegel«, Artikel »Thomas Gottschalk – der Traum aller Schwiegermütter« von Hellmuth Karasek

Artikel (02414) »Super Illu Online«, Stars im Interview »Thomas Gottschalk«
»Bild-Zeitung« Berlin »Gottschalks Schwester enthüllt ...«
Homepage: www.wetten-dass.com, Biografie Thomas Gottschalk
Homepage: www.br-online.de/bayern3, Artikel »Bayern 3 wird 30 – und wir feiern«
Dirk Jasper Filmlexikon: Thomas Gottschalk über »Gottschalk kommt«, Interview mit Anke Walter
www.stern.de/wirtschaft/spezial: »Die Firma Gottschalk« (Artikel 2001/03/14

(Mit freundlicher Genehmigung von Thomas und Thea Gottschalk)

Rezept für eine glückliche Ehe

Goldie Hawn: »Wann immer der tägliche Druck beginnt, unsere Romanze auszuhöhlen, konzentrieren wir uns auf das, was wir hatten, als wir uns kennen gelernt haben, weil keiner von uns ohne das leben will.«
Kurt Russel: »Ich empfinde Goldie immer noch als die sexieste Frau. Ich glaube einfach, dass sich manchmal Menschen treffen, die dafür geboren sind, sich für immer zu lieben.«
Goldie Hawn: »Kurt hat Dinge in mein Leben gebracht, die fehlten, einen Vater für meine Kinder, einen Mann, der so lacht wie ich, jemanden, der richtige, geradlinige, fundamentale Werte mit mir teilt.«
Beide achten darauf, dass sie nie zeitgleich Filmprojekte annehmen, so halten sie die Familie zusammen.

Kurt Russel und Goldie Hawn, US-Schauspieler
(seit 20 Jahren ein Paar ohne Trauschein)

Richard & Marianne von Weizsäcker

Richard und Marianne von Weizsäcker darf man wohl zu Recht als das populärste deutsche Bundespräsidentenpaar bezeichnen. Nach dem Ende der ersten Amtszeit (1984 bis 1989) stellte das ZDF-»Politbarometer« kurz vor der Wiederwahl fest, dass 90 Prozent der Deutschen eine zweite Amtszeit Richard von Weizsäckers begrüßen würden. Als 1994 das Ende der zweiten Amtszeit nahte, erwogen die Verantwortlichen sogar, das Gesetz zu ändern, welches maximal zwei Amtsperioden vorsah, nur um dem beliebten Staatsoberhaupt eine dritte Amtzeit zu ermöglichen. Dieser aber hätte seine Zustimmung dazu nicht gegeben. Daher blieb es schließlich beim festgesetzten Modus und so zog sich Richard von Weizsäcker mit seiner Frau Marianne in den wohlverdienten Ruhestand zurück.

Richard von Weizsäcker zeichnete sich als Bundespräsident durch seine Weltgewandtheit, Redegewandtheit, Dynamik und einen scharfen Sachverstand aus. Marianne von Weizsäcker ergänzte diese Eigenschaften ihres Mannes mit ihrer Offenheit, Warmherzigkeit und Freundlichkeit. Wo immer sie erschien, erschlossen sich ihr die Herzen ihrer Mitmenschen. Sie wirkte nie pompös oder Aufmerksamkeit heischend, sondern stets bescheiden, zurückhaltend und ladylike.

Richard und Marianne von Weizsäcker machten stets den Eindruck des perfekten, aufeinander eingespielten und glücklichen Ehepaares – nein, sie machten nicht nur den Eindruck, sondern man spürte, sie waren es auch wirklich. Die Zufriedenheit und Ausgeglichenheit auf ihren Gesichtern, die vertraulichen Gesten, der liebevolle Blick, mit dem sie sich immer wieder bedachten, waren nicht gespielt, sondern natürlicher Ausdruck ihrer innigen Beziehung.

Marianne und Richard von Weizsäcker sind seit 1953 verheiratet. Sie lernten sich bei einer Hubertusjagd im Oktober des Jahres 1950 kennen – so jedenfalls behauptet er. Für ihn war dieses Zusammentreffen der Moment, da er sich in die junge, hübsche Besucherin, die eigentlich weder Pferden noch Jagden etwas abgewinnen konnte, verliebte. Zu seinem Bedauern nahm die von ihm Bewunderte jedoch keine Notiz von ihm. Ja, sie kann sich heute rückblickend nicht einmal mehr daran erinnern.

Eine Einladung zu einem gesellschaftlichen Ereignis führte die beiden jungen Menschen Monate später wieder zusammen. Dieses Mal saßen sie nebeneinander, kamen unweigerlich ins Gespräch. Sie entdeckte ihr Herz für den dunkelhaarigen, schlanken und gut aussehenden jungen Mann.

Marianne von Weizsäcker kam am 17. Mai 1932 als Marianne von Kretschmann in Essen zur Welt. Ihr Vater war in der Industrie tätig und später Leiter des Benzol-Verbandes. Ihre Kindheit fiel in die Hitlerzeit und den Zweiten Weltkrieg, war geprägt von der Evakuierung nach Oberstdorf, die sie zusammen mit ihrer Mutter und den beiden jüngeren Schwestern erlebte. Marianne besuchte das Gymnasium in Essen-Bredeney. Literatur und Kunst waren ihre Lieblingsfächer. Nach dem Abitur absolvierte sie eine kaufmännische Ausbildung an einer Handelsschule.

Zum Zeitpunkt des Kennenlernens hatte Richard Karl Freiherr von Weizsäcker, so sein voller Name, gerade sein Studium der Rechtswissenschaft in Göttingen beendet und sein Referendarexamen abgeschlossen. 1953 legte er sein Assessorexamen ab und trat in die Firma Mannesmann AG ein, wo er zuerst in der Rechtsabteilung und später dann, ab 1957, als Leiter der wirtschaftspolitischen Abteilung tätig war.

Am 10. Oktober 1953 heirateten Marianne von Kretschmann und Richard von Weizsäcker. Beide legten mit ihrer Eheschließung ein solides Fundament, auf dem sie ihr Leben aufbauen konnten. Die Gleichheit des familiären Hintergrundes, die Abstammung und Zugehörigkeit zur selben Gesellschaftsschicht bezeichnen Familienexperten seit jeher als wichtigen Faktor für eine gut funktionierende Ehe, in der die Partner einander verstehen und dieselbe Sprache sprechen.

Vier Kinder wurden Marianne und Richard von Weizsäcker geboren: 1954 kam Robert auf die Welt, 1956 Andreas, 1958 Marianne Beatrice und 1960 Fritz. Fortan stand die Erziehung und Entwicklung der Kinder sowie ein lebendiges Miteinander zwischen Eltern und Kinder im Mittelpunkt. Marianne und Richard von Weizsäcker erzogen ihre Kinder im traditionellen Sinn. Eine antiautoritäre Erziehung stand für sie nicht zur Debatte. »Ich hätte sie mir auch nie zu Eigen gemacht«, so Marianne von Weizsäcker. »Bei der Erziehung meiner Kinder leitete mich die Erfahrung meines eigenen

Lebens – und nicht nur meines eigenen –, dass das Elternhaus wesentliche Hilfen geben kann, damit der junge Mensch den Anforderungen des späteren Lebens gewachsen ist.«

Für Richard und Marianne von Weizsäcker waren die Kinder – und sind es heute auch die Enkelkinder – ein großes Glück. Zu einer guten Ehe gehören Kinder und der gemeinsame Wunsch nach einer glücklichen Zukunft für den Nachwuchs, darin sind sich beide einig. Die unterschiedlichen Interessen, unterschiedlichen Freundeskreise, unterschiedlichen schulischen und beruflichen Entwicklungen ihrer Söhne und ihrer Tochter empfanden sie stets als eine Bereicherung ihres eigenen Lebens. Eltern und Kinder verbindet auch heute ein festes Band.

Wenn die Sprache auf ihre Familie kommt, beginnen Marianne von Weizsäckers Augen zu strahlen. Man merkt, welch hohen Stellenwert diese Menschen in ihrem Leben haben. Lebhaft berichtet sie von der 18-jährigen Enkeltochter, die drei Tage nach der Wahl ihres Mannes zum Bundespräsidenten geboren wurde, von deren beiden jüngeren Schwestern, aber auch von den vier- und zweijährigen Enkeltöchtern ihres jüngsten Sohnes, die schon jetzt kleine Persönlichkeiten sind. Es vergeht kein Tag, an dem Marianne und Richard von Weizsäcker nicht mit ihren Kindern oder Enkelkindern telefonieren. »Es ist wichtig, am Leben des anderen teilzuhaben, den Faden nie abreißen zu lassen und miteinander im Gespräch zu bleiben.«

Marianne und Richard von Weizsäcker nehmen in ihrer Ehe stets regen Anteil am Leben des anderen. Für sie war und ist ihre Ehe nicht nur eine Pflichtkür, sondern ein freudiges Miteinander, das sich durch alle Bereiche ihres Daseins zieht. »Unser Leben«, so stellen beide rückblickend fest, »hat uns früh und gemeinsam mit Aufgaben konfrontiert, die über den Bereich der Familie hinausgehen. Wir waren und sind in unseren Interessen und unserer Verantwortung miteinander verbunden. Das hat unserer Ehe stets gut getan.« Bei der Bewältigung ihres Lebens und der vielfältigen Aufgaben haben sie nicht nur voneinander, sondern gemeinsam vom Leben gelernt.

In der Partnerschaft war die Rollenverteilung von Anfang an klar definiert: Marianne von Weizsäcker kam in erster Linie die Rolle der Hausfrau und Mutter zu, während sich Richard von Weizsäcker auf seinen beruflichen Werdegang konzentrierte. Marianne von Weizsäcker unterstützte ihren Mann auf seinem Weg – nicht aus bloßem Pflichtbewusstsein heraus, sondern weil sie sich für die Aufgaben ihres Mannes stets lebhaft interessierte. Es herrschte ein lebendiger Austausch zwischen Geben und Nehmen, der die Waage im Gleichgewicht hielt.

Als sich bei Richard von Weizsäcker in den 50er-Jahren zunehmend der Wunsch entwickelte, politisch aktiv zu werden, reagierte seine Frau Marianne darauf zunächst zurückhaltend. Sie unterstützte ihn aber nach Kräften, als er politische Ämter übernahm, und sie erkannte, dass Politik jeden sich verantwortlich fühlenden Bürger etwas angeht: 1969 wurde Richard von Weizsäcker in den Deutschen Bundestag gewählt. Unter Kanzler Willy Brandt und der SPD/FDP-Regierung war er deutschlandpolitischer Sprecher der CDU/CSU-Fraktion im Bundestag. 1973 erfolgte die Wahl zum Stellvertretenden Vorsitzenden der CDU/CSU-Fraktion, 1979 die Ernennung zum Vizepräsidenten des Deutschen Bundestages. 1981 wurde Richard von Weizsäcker zum Regierenden Bürgermeister von West-Berlin gewählt und 1984 zum deutschen Bundespräsidenten.

Marianne von Weizsäcker sah ihren Platz stets an der Seite ihres Mannes, wobei sie sich gerne im Hintergrund hielt. Auch als First Lady unterstützte sie ihn, wo immer es erforderlich und notwendig war. Dies tat sie in der ihr eigenen selbstbewusst-bescheidenen, freundlichen und offenen Art, wie beispielsweise 1981 während des Wahlkampfs von Richard von Weizsäcker für das Amt des Regierenden Bürgermeisters von Berlin. Marianne von Weizsäcker stellte sich den Berliner Bürgern vor, machte Hausbesuche, lief treppauf und treppab, lernte dabei die Sorgen, Nöte, Wünsche und Hoffnungen der Menschen kennen. Die Berliner reagierten positiv auf die sympathische Frau des CDU-Bürgermeister-Kandidaten. Als Richard von Weizsäcker schließlich die Wahl gewann, freute sie sich mit ihm über seinen Erfolg.

Die für so manche Frauen wichtige Frage nach Selbstverwirklichung in der Ehe betrachtet Marianne von Weizsäcker für eine Artikulation unserer Zeit. »Die für mich wichtige Frage ist nie die nach Selbstverwirklichung gewesen, sondern die nach einem erfüllenden Leben und einer glücklichen Partnerschaft.« Und beides hat sie in ihrer fast 50-jährigen Ehe angestrebt und verwirklicht. Dabei hat sie sich jedoch niemals selbst aufgegeben, sondern sich, nachdem die Kinder größer waren, eigene Wirkungsbereiche geschaffen, in denen sie ihre Interessen und Gaben einsetzen konnte.

So wurde Marianne von Weizsäcker 1973 Mitglied der »Studienstiftung des deutschen Volkes«, die Stipendien an hoch begabte Studentinnen und Studenten vergibt. 1979 wurde sie in das Kuratorium der Studienstiftung berufen, wo sie bis 1999 Mitglied war. Marianne von Weizsäcker denkt heute noch gerne an die gemeinsamen Zeiten zurück, die sie mit den jungen Leuten verbracht hat, um deren Charakter und Begabungen zu beurteilen.

1985 übernahm Marianne von Weizsäcker die Schirmherrschaft über den »Bundesverband der Elternkreise drogengefährdeter und drogenabhängiger Jugendlicher«. Bereits während der Anfangsjahre ihrer Schirmherrschaft wurde sie mit einem weiteren Problem dieses Bereichs konfrontiert: Die meisten Drogenabhängigen waren nicht nur süchtig, sondern auch hoch verschuldet. Selbst wenn es ihnen gelang, durch Entzug keine Drogen mehr zu nehmen, so konnten sie dennoch nicht so ohne weiteres in ein normales Leben zurückkehren, da sie stets vor einem immensen Schuldenberg standen. Sehr oft war die Folge, dass die jungen Menschen jeglichen Mut verloren und erneut begannen Drogen zu nehmen.

Um hier Abhilfe zu schaffen gründete Marianne von Weizsäcker zusammen mit Gleichgesinnten 1988 die »Stiftung Integrationshilfe für ehemals Drogenabhängige«, die später in »Marianne von Weizsäcker Fonds – Stiftung für Integrationshilfe für ehemals Drogenabhängige e.V.« umbenannt wurde (www.weizsaecker-stiftung.de).

Auch heute noch ist Marianne von Weizsäcker Schirmherrin dieser Stiftung, wobei sie betont, dass sie mehr in der Verantwortung steht als eine normale Schirmherrin. Sie fährt nicht nur regelmäßig zu Sitzungen der Stiftung nach Hamm, dem Sitz der Geschäftsstelle, sondern bekommt auch täglich neue Fälle auf den Tisch, um diese zu begutachten und zu beurteilen. Sie will diese Arbeit, die ihr ein großes Anliegen ist, noch möglichst lange fortführen.

Richard von Weizsäcker hat es stets begrüßt, dass sich seine Frau eigene Wirkungsfelder geschaffen hat, nachdem die Kinder erwachsen und aus dem Haus waren. Soziales Engagement und Politik liegen nahe beieinander. In beiden Bereichen spielt Verantwortung für Land und Menschen eine wichtige Rolle. Sowohl Marianne wie auch Richard von Weizsäcker sahen den Sinn des Lebens nie ausschließlich darin, für das eigene Wohlergehen und das ihrer Kinder zu sorgen, sondern einen Teil ihrer Kraft auch dem Staat und dem Gemeinwohl zur Verfügung zu stellen. So wie seine Frau ihn bei seinen Aktivitäten unterstützt hat, hat auch Richard von Weizsäcker seine Frau bei ihren Aktivitäten unterstützt.

Marianne und Richard von Weizsäcker haben die Erfahrung gemacht, dass es einer Ehe gut tut, wenn neben den gemeinsamen Aktivitäten auch jeder seine eigenen Themenfelder hat, auf denen er sich entwickeln und entfalten kann. Dies führt nicht zu einem Auseinanderleben oder Sich-Entfremden, sondern zu einer gegenseitigen Bereicherung. Voraussetzung hierbei ist allerdings, dass man sich über die unterschiedlichen Erfahrungen austauscht und den Gesprächsfaden niemals abreißen lässt.

Wie alle beruflich erfolgreichen Männer war auch Richard von Weizsäcker als Regierender Bürgermeister von Berlin und später als Bundespräsident sehr stark beschäftigt, sodass ihm nur wenig Zeit blieb für ein beschauliches Ehe- und Familienleben. Auch Marianne von Weizsäcker hat diese Erfahrung gemacht und mitgetragen. Der überaus beanspruchenden Tätigkeit ihres Mannes standen ihre eigenen Aufgaben gegenüber, zum Beispiel ihre Arbeit am Kinderkrankenhaus, in der Gemeinde und, wie oben erwähnt, der Studienstiftung des Deutschen Volkes.

Als First Lady war sie darüber hinaus mit eigenen Aktivitäten und Pflichten, die sie gemeinsam mit ihrem Mann wahrnahm, stark beansprucht. Und die wenige freie Zeit, die ihr verblieb, nutzte sie – ob mit oder ohne Mann – gerne, um ihren künstlerischen Interessen nachzugehen.

Richard von Weizsäcker hat trotz des immensen Aufgabenpensums stets Wert darauf gelegt, dass sich immer wieder eine Lücke ergab, in der er sich ganz seiner Frau und der Familie widmen konnte. Oft fuhr die Familie in den Ferien oder übers Wochenende nach Bayern um zu wandern, zu schwimmen und auf die Berge zu steigen. Gemeinsame Bergtouren, zumal mit den Kindern, waren nicht nur großartige Naturerlebnisse, sondern zugleich eine unersetzliche Erfahrung, dass man aufeinander angewiesen und füreinander verantwortlich ist, eine Erfahrung, die Hilfe bietet für das ganze Leben.

Es sind fünf große und starke Säulen, auf denen Marianne und Richard von Weizsäcker ihre Lebensgemeinschaft aufgebaut haben: ein lebendiges Familienleben und Miteinander, das getragen ist von gegenseitigem Verständnis und dem Wunsch nach Nähe; ein Wechsel von freudigem Geben und Nehmen; gemeinsame Interessen wie beispielsweise Musik und Kunst, aber auch die Beschäftigung mit eigenen Themenfeldern und Aufgabenbereichen, die sich in ihrer Verschiedenheit ergänzen und die Partner bereichern, sowie eine sinnvolle Beschäftigung weit über die Altersruhegrenze hinaus. Eine sechste, wichtige Säule im Leben von Marianne und Richard von Weizsäcker ist die Liebe. Darüber reden sie jedoch nicht gerne, sondern halten es lieber mit dem alten Wort: Wer über Liebe redet, liebt nicht.

Ein allgemein gültiges Rezept für eine lange, glückliche Ehe können und wollen Marianne und Richard von Weizsäcker jedoch nicht geben, denn zu unterschiedlich sind ihrer Ansicht nach die Menschen. »Nicht nur sind Wesen und Begabung eines jeden Menschen verschieden, sondern auch seine Lebensbedingungen. Ebenso unterliegen die familiären, sozialen und zivilisatorischen und historischen Bedingungen einem ständigen Wandel, man bedenke nur die Rolle der Frau in der Gesellschaft.«

Welche Faktoren halten sie für entscheidend für eine glückliche Ehe? »Sich dem anderen zu öffnen, an seinem Leben teilzunehmen und gemeinsam vom Leben zu lernen«, so ihr gemeinsamer Kommentar. »Und der gemeinsame Wunsch nach einer glücklichen Zukunft für die Kinder.«

Marianne und Richard von Weizsäcker sind zwei Menschen, deren Partnerschaft von Liebe und Respekt getragen ist. Sie freuen sich über jeden gemeinsamen Tag. Welche Eigenschaften schätzen sie am anderen. Marianne von Weizsäcker: »Ich schätze an meinem Mann ganz besonders seinen jungen Geist und damit die Freude, Unbekanntes zu erleben und Neues zu denken.«

Richard von Weizsäcker antwortet nach kurzer Überlegung: »Am meisten schätze ich an meiner Frau ihre warmherzige Anteilnahme und ihr unabhängiges Urteil.«

Beide tauschen einen liebevollen Blick miteinander aus, der signalisiert, dass es nicht großer Worte bedarf, um dem anderen seine Liebe zu zeigen: Es genügt ein liebes Wort, eine freundliche Geste, ein Zeichen der Wertschätzung. Kleine Gesten, so oft wie möglich angewandt, fördern ein gutes Zusammenleben.

(Wir danken Marianne und Richard von Weizsäcker für ihre Mitwirkung an diesem Porträt.)

Rezept für eine glückliche Ehe

Hansi Hinterseer: »Meine Frau und meine Kinder sind meine beiden größten Schätze. Meine Familie geht mir über alles und deshalb schaue ich, dass ich jede freie Minute mit meinen ›Lieben‹ verbringen kann.
Wenn es nur irgendwie möglich ist, dann fahre ich jeden Tag nach Hause, auch von Auftritten und Fernseh-Aufzeichnungen.«

Ramona und Hansi Hinterseer, Sänger und Profi-Ski-Weltmeister (1982 und 1983) (seit 17 Jahren verheiratet)

Christiane Hörbiger & Gerhard Tötschinger

Das Schicksal geht oft seltsame Wege, ehe zwei Menschen, die ganz offensichtlich füreinander bestimmt sind, zueinander finden. Viele Jahre lang haben sich die Wege von Christiane Hörbiger und Gerhard Tötschinger immer wieder gekreuzt, aber zu mehr als zu einer Begrüßung oder ein paar belanglosen Worten ist es nie gekommen. Er hat sie von Anfang an sehr bewusst wahrgenommen, hat aber seine Bewunderung für sie ganz für sich behalten. Sie hingegen hat ihren geheimen Bewunderer nicht wahrgenommen.

Christiane Hörbiger, geboren am 13. Oktober 1938 in Wien, stammt aus einer bekannten Wiener Künstlerfamilie. Sie ist die zweite von drei Töchtern des berühmten Schauspielerehepaars Paula Wessely und Attila Hörbiger. Paul Hörbiger war ihr Onkel. Nach dem Besuch des Realgymnasiums und der Handelsschule in Wien hätte es die Mutter gerne gesehen, wenn Christiane Konditorin in der familieneigenen Zuckerbäckerei geworden wäre, aber das junge Mädchen hatte ganz anderes im Sinn. Sie wollte zum Theater und zum Film wie die Eltern. Der Vater unterstützte die Bestrebungen seines »Nannerl«.

1955, mit 17 Jahren, spielte Christiane Hörbiger ihre erste Rolle im Film »Der Major und die Stiere«. Nach einer Schauspielausbildung kam sie 1957 beim Burgtheater in Wien unter Vertrag. Des Weiteren spielte sie auch an den Städtischen Bühnen in Heidelberg, bei den Salzburger Festspielen, an den Kammerspielen München und am Züricher Schauspielhaus. Seit 1960 war Christiane Hörbiger auch für das Fernsehen tätig. 1967 wurde sie Mitglied des Ensembles des Züricher Schauspielhauses.

Seit ihrer Eheschließung mit dem Schweizer Journalisten Rolf Bigler am 1. August 1967 lebte Christiane Hörbiger in Zürich. Das Haus »Zur Sonnenblume« inmitten der Altstadt wurde für die junge Familie – am 19. Juli 1968 war Sohn Sascha zur Welt gekommen – zum Lebensmittelpunkt. Christiane Hörbiger führte fortan ein dreigeteiltes Leben – das der bürgerlichen Ehefrau und Mutter ebenso wie das der Schauspielerin. Die glückliche Ehe und das intakte Familienleben erfuhr am 6. September 1978 ein jähes Ende, als Rolf Bigler an einem Herzinfarkt starb.

Nach dem Tod des Mannes stürzte sich Christiane Hörbiger in die Arbeit. Eine Wiederaufnahme und zwei Premieren im Herbst

1978 ließen ihr keine Zeit für trübe Gedanken. Den Sohn Sascha wollte sie um keinen Preis in ein Internat geben. Es folgte eine harte Zeit als allein erziehende Mutter. Mutter und Sohn rückten in dieser Zeit eng zusammen. Auch heute noch, da Sascha bereits erwachsen ist und als Drehbuchautor und Cutter in Los Angeles lebt und arbeitet, fühlt sich Christiane innig mit ihm verbunden.

Im Sommer 1984 bahnte sich das Schicksal in Form eines Radio-Interviews im Österreichischen Rundfunk, zu dem Christiane Hörbiger eingeladen wurde, an. Moderator dieser Sendung war Gerhard Tötschinger, geb. am 10. September 1946, ein künstlerisches Allroundtalent – Schauspieler, Regisseur, Intendant, Schriftsteller und Moderator zugleich.

Christiane Hörbiger kam in einem einfachen roten Kleid und mit den Begrüßungsworten, sie müsse auch gleich wieder weg, erinnert sich Gerhard Tötschinger in seinem Buch »Christiane Hörbiger – eine Biografie aus der Nähe«. Sie ließ durchklingen, dass sie nicht gern gekommen war. Gerhard Tötschinger versuchte die »Hörbigerische Hörfunkunlust« auf irgendeine Weise in den Griff zu bekommen. Er sprach mit ihr über ihren neuen Film, den sie in Italien gedreht hatte, versuchte sie zum Lachen zu bringen, erwähnte, dass er mit ihrer Schwester Maresa einst gemeinsam in Bern aufgetreten war. Christiane Hörbiger schien der dunkelhaarige, kräftige und hoch gewachsene Gesprächspartner zu gefallen, denn bevor sie sich verabschiedeten, gab sie ihm ihre Wiener Telefonnummer.

Er nutzte die Chance und meldete sich bald darauf bei ihr. Schwester Maresa war am Telefon. Sie sagte: »Du willst doch mit meiner Schwester sprechen«, schreibt Gerhard Tötschinger in seiner Biografie. »Da zierte ich mich und ließ mich zu einigen Worten mit der Schwester Christiane richtig überreden. Und dann vereinbarten wir, wir würden zum Heurigen gehen – und dieser Heurigenbesuch dauert bis heute.«

Gerhard Tötschinger bezeichnet Christiane Hörbiger als seinen »Lebensmenschen« und sie nennt ihn ebenfalls »ihren Lebensmenschen«. Beide ergänzen sich nach Aussagen von Freunden fantastisch. In den Anfangsjahren ihrer Partnerschaft lebten sie vorwiegend in Zürich, schon allein Saschas wegen, der dort die Schule besuchte, aber auch, weil Christiane am Züricher Schauspielhaus fest engagiert war. Den Sommer verbrachte sie regelmäßig in Salzburg, der Heimatstadt von Gerhard Tötschinger, wo er 1982 die Intendanz eines kleines Festivals übernommen hatte: das »Fest in Hellbrunn«. Sommer für Sommer war dies Anlass zu zwei bis drei Monaten Salzburg.

1985 kam zum Hauptwohnsitz Zürich auch noch ein Zweitwohnsitz in Wien hinzu. »Bei der House-warming-Party nahmen wir das ›warming‹ so ernst, dass wir beinahe abgebrannt wären«, erzählt Gerhard Tötschinger. »Ein Krach hat uns gerettet – aus irgendeinem läppischen Grund waren Christiane und ich nicht einer Meinung. Das war unser Glück, denn so wurde geredet und wir fanden statt ins Bett den brennenden Kübel in der Küche«, und humorvoll fügt er hinzu: »Im anderen Falle hätte das eine interessante Pressemeldung ergeben, von der wir freilich nur wenig gehabt hätten.«

Trotz ihrer großen Bühnenerfolge und zahlreichen Ausflüge zu Spielfilm und zum Fernsehen gewann Christiane Hörbiger erst dann breite Popularität, als sie Mitte der 80er-Jahre das Theater verließ und den Sprung in die Fernseh-Serien-Unterhaltung wagte. Sie übernahm die Rolle der Gräfin Guldenburg in der Mammut-Serie »Das Erbe der Guldenburgs«. Gedreht wurde überwiegend in Hamburg. Christiane Hörbiger verließ Zürich, Sohn und Lebenspartner und zog Anfang 1986 in eine kleine Wohnung in die Hansestadt.

In den ersten Wochen sahen sich die Partner nicht, aus gutem Grund, wie Gerhard Tötschinger sagt: »Wir waren immer sehr vorsichtig, was eine Beeinträchtigung des anderen in solch heiklen Zeiten betrifft – gerade erste Probewochen, dichte Drehtage lassen keinerlei Privatleben zu. Da sitzt dann der eine und fühlt sich nicht beachtet, während der andere Höchstleistung vollbringen muss.« Verständnis, Geduld und Rücksicht spielen in Künstler-Lebensgemeinschaften eine wichtige Rolle.

Es wäre Gerhard Tötschinger ohnehin nur schwer möglich gewesen, längere Zeit nach Hamburg zu fahren, da er jede Woche eine Hörfunk-, jeden Monat eine Fernsehsendung absolvierte und mit Vorbereitungen für das »Fest in Hellbrunn« beschäftigt war. Daneben arbeitete er auch immer an einem Buchmanuskript und konnte sich über mangelnde Arbeit nicht beklagen. Er harrte also geduldig in Zürich aus und fuhr erst im Frühsommer für ein paar Tage nach Hamburg.

Christiane Hörbiger zählt seit vielen Jahren zu den gefragtesten Stars der österreichischen und deutschen Film- und TV-Unterhaltungsbranche. Glänzende Kritiken erhielt sie unter anderem für ihre Darstellung als Göring-Nichte Freya von Hepp in Helmut Dietls viel gelobter Filmsatire »Schtonck« (1992), während sie für ihre Rolle in Reinhard Münsters Filmkomödie »Alles auf Anfang« (1993) und in der Schwarzenberger-Produktion »Tafelspitz« 1994 mit dem deutschen Filmpreis ausgezeichnet wurde. Mit ihrer Rolle der patenten Amtsrichterin in »Julia – eine ungewöhnliche Frau« zog die Quotenkönigin im Durchschnitt 5,11 Millionen Zuschauer vor den Fernsehapparat.

Wie jede viel beschäftigte Schauspielerin hatte und hat Christiane Hörbiger nur wenig freie Zeit und nur selten Gelegenheit für längere Muße und Erholung. Auch Urlaube mit ihrem Lebenspartner sind auf Grund der vielen Theater- und Filmverpflichtungen eine Seltenheit. Gerhard Tötschinger: »Habe ich einige Tage mit Müh und Not frei gehalten und sehne mich nach Paris, dann ist Christiane ganz sicher im letzten Moment gebeten worden, den Bayerischen Filmpreis an Barbara Auer zu übergeben – genau so war es – und hat sie eine theater- und filmfreie Zeit und kann mich nach Madrid begleiten, so kommt in letzter Stunde vor der Abreise eine dringende Anfrage wegen einer Derrick-Produktion in München und einer Premiere in Zürich, wir verbringen die Abende in der klimatisierten Hotelhalle und warten auf das Telefon.« Beide schaffen es einfach nicht, einmal wirklich auf Urlaub zu gehen, abgesehen von ein paar Tagen, die sie – zumeist beruflich bedingt – irgendwo gemeinsam verbringen. Gerhard Tötschinger räumt ein, dass er sich darüber schon manchmal beklagt hat. Die Hoffnung aber auf einen längeren, gemeinsamen Urlaub haben beide jedoch nicht aufgehoben, sondern nur aufgeschoben.

Christiane Hörbiger ist Anfang sechzig, sieht aber wesentlich jünger aus und fühlt sich fit wie eh und je. Die Grande Dame des deutschsprachigen Films hat noch viele Zukunftspläne, denkt gar nicht daran, kürzer zu treten oder sich zur Ruhe zu setzen. Christiane Hörbiger ist davon überzeugt, dass dem Publikum das Alter der Schauspielerin letztlich egal ist. So bleibt sie beruflich am Ball, versucht immer wieder neu zu sein, damit die Leute sagen: »Was? Das war sie wirklich?« Um dranzubleiben braucht sie die Arbeit mit jungen Regisseuren: »Das poliert mich auf«, sagt sie. Am Set gibt sie ihr Bestes, nicht 100, sondern 1000 Prozent, denn sie strebt nach Perfektion.

In ihrem letzten Film »Die Gottesanbeterin« spielte Christiane Hörbiger eine Frau, die von Männern schlecht behandelt wird und mit Mord reagiert. Dabei kamen auch einige Szenen mit cineastischer Freizügigkeit vor. Wie reagierte ihr Lebenspartner darauf? Christiane Hörbiger: »Er sagt und schreibt über mich immer, dass ich einen ungeheuren Mut und eine große Besessenheit besitze. Sonst sagt er über meine freizügigen Rollen nichts. Wir haben da eine Absprache getroffen. Um erst gar keine Eifersucht oder sonst was aufkommen zu lassen, reden wir darüber nicht. Wir wissen, wie wir zueinander stehen. Da gibt es keinerlei Ängste.«

Christiane Hörbiger und Gerhard Tötschinger haben in ihren früheren Ehen Erfahrungen mit der destruktiven Kraft der Eifersucht gemacht. Gerade im Filmmetier kommen sich sonst fremde Menschen in Liebesszenen vor der Kamera ungewöhnlich nahe und es entflammt dabei sehr leicht die Lust aufeinander. Dann kann schnell ein heißer Flirt und noch mehr entstehen. Christiane Hörbiger und Gerhard Tötschinger halten es deshalb für unverzichtbar, über dieses Thema in einer Partnerschaft von Anfang zu reden und eine Vertrauensbasis zu schaffen, die Eifersucht gar nicht aufkommen lässt.

Christiane Hörbiger gibt zu, dass sie früher extrem eifersüchtig war, auch in ihrer ersten Ehe – vor Rolf Bigler war sie mit dem Regisseur Wolfgang Glück verheiratet. Auf ihre Eifersucht in einem Interview angesprochen meinte sie vor einigen Jahren: »Das ist vorbei – Gott sei Dank! In mühevoller Kleinarbeit habe ich mir das wegtherapiert. Früher musste ich meine Männer immer kontrollieren, habe meine Nase in ihre Manteltaschen gesteckt, in ihre Schreibtischschublade, in ihre Post.« Sie hält Minderwertigkeitskomplexe für die eigentliche Ursache von Eifersucht, hat viele Bücher darüber gelesen und sich intensiv mit diesem Problem auseinander gesetzt. »Heute weiß ich, dass selbst das leiseste Misstrauen dem Partner gegenüber schon ein Krankheitsherd für die Beziehung sein kann. Die Schubladen meines Lebensgefährten sind immer offen. Aber ich brächte es nicht über mich, da meine Nase reinzustecken.«

Eine gute Partnerschaft ist für Christiane Hörbiger etwas Wertvolles, das über allem stehen sollte, auch über einem Seitensprung. Ihre Erfahrung hat sie gelehrt, einen Menschen, mit dem man über Jahre hinweg eine Gemeinsamkeit aufgebaut hat, festzuhalten, auch wenn es zu einem Seitensprung gekommen ist. »Ich finde, wenn der Lebenspartner noch zu einem steht, wenn er ehrlichen Herzens bleiben will, dann fände ich es unklug, ihn wegen ein paar Minuten läppischen Vergnügens einfach zum Teufel zu jagen«, so Christiane Hörbiger. Eine glückliche Beziehung hält sie, ebenso wie ihr Lebenspartner, für ein großes Glück, das man immer wieder neu erarbeiten und festigen muss.

In den Anfangsjahren ihrer Beziehung konnten sich Christiane Hörbiger und Gerhard Tötschinger nicht vorstellen, einmal gemeinsam in einer Fernsehsendung aufzutreten. »Damals lief meine TV-Serie ›Quiz in Rot-weiß-rot‹ jeden Monat – aber niemals habe ich Christiane gebeten, dabei mitzumachen. Das haben wir jahrelang mit großer Konsequenz so gehalten. Es gab für mich nur eine Ausnahme: Christianes Lesungen«, schreibt Gerhard Tötschinger in seiner Biografie.

Einmal aber kam es doch dazu. Fast gezwungenermaßen musste Gerhard Tötschinger zusammen mit seiner Christiane eine Lesung halten. Welch ein seltsames Gefühl für ihn, als er Seite an Seite der »großen Christiane Hörbiger« saß. »Neben ihr zu lesen, laut, vor Publikum, dazu hat mir das Selbstbewusstsein gefehlt«, schreibt er, »und ich war nicht nur einfach nervös, ich war unglücklich.« Aber zum Glück ging alles gut.

Von da an haben Christiane Hörbiger und Gerhard Tötschinger immer wieder einmal miteinander gearbeitet – mit gutem Erfolg. Immer aber prüfen sie vorher genau, ob sie sich auf das Abenteuer einer gemeinsamen Arbeit einlassen sollen. »Den Druck der Termine, den Probenstress, die künstlerischen Meinungsverschiedenheiten nicht einfach beim Bühnenportier, am Garagentor der Fernsehstudios abzugeben, sondern all das in das gemeinsame Zuhause mitzuschleppen, bedeutet ein Risiko«, das wissen beide nur zu gut.

Gerhard Tötschinger schätzt an »seinem Lebensmenschen« den Humor und die Lebensfreude. »Mit Christiane wird der Alltag lustig. Er wird nicht immer fröhlich, aber er wird spannend«, berichtet er. Immer wieder ist er angenehm überrascht über ihre Fähigkeit, sich selbst über kleine Dinge zu freuen. »Christiane kann sich auch über Ereignisse und Begegnungen freuen, die jemand anderer gar nicht wahrnimmt. Sie ist neugierig auf alles und jeden. Und das macht den Alltag mit ihr anders.«

Christiane Hörbiger schätzt an »ihrem Lebensmenschen« seine ganz eigene Art der Männlichkeit. Und sie verrät sogleich, was sie darunter versteht: »Als ich kürzlich in Berlin die Goldene Kamera bekommen habe, musste ich auf die Bühne, und der Herr Tötschinger hatte überhaupt keine Probleme damit, solange meine Handtasche festzuhalten. Andere Männer schämen sich immer, wenn sie eine Damenhandtasche halten sollen. Aber Herr Tötschinger hat da ein Selbstbewusstsein, das ich sehr männlich finde.«

Dank seines gesunden Selbstbewusstseins hat Gerhard Tötschinger keine Probleme damit, »nur« der Mann an der Seite der Hörbiger zu sein oder in einer Preisverleihung nicht neben ihr in der ersten Reihe, sondern hinter ihr in der zweiten Reihe zu sitzen. Doch so etwas stört ihn nicht, sondern er freut sich über Christianes Erfolg. Ja, er ist sogar stolz auf sie und wünscht sich, dass solche Momente nicht so schnell vorbeigehen mögen. Mehr als sie selbst trifft es ihn, wenn es einmal nicht mit einer Preisverleihung klappt, wie 1993, als der Film »Schtonk« für den Preis der Preise, den Oscar, nominiert war.

Gerhard Tötschinger und Christiane Hörbiger haben einen sehr lebendigen Freundeskreis, denn das ist beiden gleichermaßen wichtig. Da gibt es seine Freunde, die heute auch ihre sind, und umgekehrt und es gibt gemeinsame Freunde, die in den letzten Jahren hinzugekommen sind. Beide schätzen langjährige Freundschaften und pflegen sie auch gleichermaßen – vergeben Einladungen oder nehmen solche an, treffen sich zu Geburtstagsfesten oder Familienfeiern mit den Freunden. »Diese Freundschaftspflege wird durch eine köstliche Charaktereigenschaft Christianes sehr unterstützt –

durch ihren Humor«, schreibt Gerhard Tötschinger und fügt hinzu, dass seine Lebensgefährtin eine wirkliche Begabung für Pointen hat. »Natürlich bin ich der Hauptnutznießer dieser Fähigkeit, die mir den Alltag fröhlicher gestaltet«, fügt er hinzu.

In die Sparte Humor fällt es auch, wenn Christiane Hörbiger, wie einmal in einem Interviewtermin auf das Thema Flirt angesprochen, zur Antwort gibt: »Ich flirte gerne, lieber, als ich es früher getan habe, sowohl vor als auch hinter der Kamera – nein, im Ernst, man hat doch, wenn man flirtet, das Gefühl, weniger Angst haben zu müssen, dass die Männer einen beim Wort nehmen, und das erleichtert die Sache ungeheuer.« Fast schon wollte sich der Lebensgefährte über dieses Flirtgeständnis aufregen, aber als er sie lachen sah, konnte er nicht anders als selbst mitlachen.

Der Hörbigersche Humor gedeiht auf der philosophischen Grundlage, dass man durch die Höhen und Tiefen des Lebens hindurch muss. Christiane Hörbiger glaubt daran, dass am Ende des Tunnels immer Licht ist. Deshalb ist Lachen lebenswichtig – auch wenn man sehr gut schimpfen, weinen oder jammern könnte. Christiane Hörbiger hat sich irgendwann in ihrem Leben für das Lachen entschieden. »Mit Lachen kann man Menschen aus ihren eigenen Nöten, aus ihren Gefängnissen heraushelfen – dass sie sich nicht so ernst nehmen. Lachen ist etwas Wunderbares«, sagt sie.

Christiane Hörbiger und Gerhard Tötschinger gehen bewusst und bedacht miteinander um. Ihre Partnerschaft ist getragen von Toleranz und Respekt. Denn, darin sind sich beide einig, ohne Respekt ist keine Liebe möglich. Gelegentlich kommt es auch zu Missstimmungen oder Kontroversen im Zusammenleben, die beide zum Anlass nehmen, darüber zu diskutieren und sich auszusprechen. Für alles gibt es schließlich eine Lösung, die beiden Partnern gerecht wird. Und die finden sie auch stets: nach langen Gesprächen bei einer Flasche Wein oder einem guten Essen.

Dass die Liebe auch durch den Magen geht, darüber gibt es für Gerhard Tötschinger keinen Zweifel. Er isst ebenso gerne, wie er selbst kocht. Seine Ess- und Kochleidenschaft hat er in einem Buch verewigt mit dem Titel »Wünschen zu speisen?«. Das Werk, ein kulinarischer Streifzug durch die Länder der Monarchie, verknüpft Anekdoten, Geschichten und Originalrezepten einst berühmter Persönlichkeiten. Immer wieder steht der begeisterte Hobbykoch in der Küche seines gemütlichen Zuhauses und zaubert die leckersten Gerichte für seine Christiane. Und so endet ein arbeitsreicher und stressiger Tag für Christiane Hörbiger oft bei einem schön gedeckten Tisch und einem köstlichen Abendmahl. Ausgangsposition für so manch anregende Gespräche und noch mehr ...

Ihr Tipp, wenn es mal ernsthaft gekracht hat in der Beziehung: »Ich rate zu einem Zusammenhalten. Man soll nicht etwas, das lebendig ist, kaputt machen, weil man sich verletzt oder verraten fühlt.« Und wenn es gar nicht mehr geht? Dann soll man ohne Hassgefühle aufbrechen, den anderen nicht die Zeche allein zahlen lassen und den neuen Weg mit allen Konsequenzen gehen.

Und Gerhard Tötschingers Tipp für eine glückliche, langjährige Partnerschaft: Nicht neidisch sein auf den Erfolg der Partnerin, sondern sich mit ihr freuen, stolz auf sie sein. Gemeinsamkeit und Nähe suchen, auch in stressigen Zeiten, den anderen unterstützen, an seinem Leben teilhaben. Sich klug zurückhalten und Geduld üben, wenn es angebracht ist. Und natürlich die Partnerin immer wieder verwöhnen, beispielsweise mit einem köstlichen Abendessen oder einer gemeinsamen Reise, bei der man Zeit und Muße füreinander hat.

Und vielleicht eine Biografie über den Lebenspartner schreiben, wie es Gerhard Tötschinger gemacht hat, denn darin kann man seine Liebeserklärung verewigen und dem Partner zeigen, was man besonders an ihm schätzt und welche Ereignisse man als unvergessliche Momente gespeichert hat. Gesprochene Worte vergehen, aber geschriebene bleiben bestehen.

Seit 18 Jahren findet Christiane Hörbiger das Glück an der Seite von Gerhard Tötschinger. Angesprochen auf die Frage eines Journalisten, ob sie nicht endlich an Heirat denke, antwortete sie: »In unserem Alter ist es doch schon etwas komisch und läppisch, mit Fotografen und großem Tamtam vor den Traualtar zu treten. Wenn, dann werden wir es ganz geheim, still und leise mit großen Kapuzen auf dem Kopf machen. Aber jetzt dreh ich erst einmal die Julia ab.«

Quellen:

Gerhard Tötschinger, »Christiane Hörbiger – Eine Biografie aus der Nähe«, Langen Müller Verlag, 2002
Super Illu Online: Frauen – Christiane Hörbiger – eine ungewöhnliche Frau
Susanne Rytina, »Christiane Hörbiger – eine Frau mit Format«, aus: Reader's Digest – das Beste 09/2001
Munzinger Archiv: »Christiane Hörbiger – die Grande Dame des österreichischen Films«
C. Honsal, »Nur mit Kapuze vor den Traualtar«, aus: Magazin »WORLD OF SUCCESS« 01/02

Rezept für eine glückliche Ehe

Tom Hanks: »Du kannst die Reichtümer und den Respekt der Welt haben, aber das bedeutet nichts, wenn du nicht jemanden hast, der dich am Tisch mit all deinen Fehlern willkommen heißt.«
In seinen Filmverträgen hat er eine Klausel, die besagt, dass seine Frau und seine beiden Kinder jederzeit den Drehort besuchen dürfen.

Tom Hanks und Rita Wilson, US-Schauspieler
(seit 14 Jahren verheiratet)

Petra Gerster & Christian Nürnberger

Über fünf Millionen Fernsehzuschauer sind täglich dabei, wenn Petra Gerster und ihr Kollege Klaus-Peter Siegloch um 19:00 Uhr die »heute«-Nachrichten in die Wohnzimmer bringen. Insbesondere die aparte Petra Gerster, die Anchorwoman (Hauptmoderatorin), mit ihren großen und ausdrucksstarken Augen, ihrer menschlichen und dennoch fachlich kompetenten Art ist beliebt bei Alt und Jung. Sie macht ihren Job so gut, schrieb die Bunte, dass – außer Gabi Bauer bei den Tagesthemen – keine andere mithalten kann.

Der Bekanntheitsgrad von Petra Gerster ist weiter in die Höhe geschnellt, seit im Herbst 2001 das von ihr und ihrem Mann geschriebene Buch »Erziehungs-Notstand – Wie wir die Zukunft unserer Kinder retten« im Rowohlt Verlag erschienen ist. Das Werk ist ein ebenso persönlicher wie provokanter Beitrag des Autorenehepaares zur aktuellen Erziehungsdebatte. Sinnigerweise sind nicht beide Autoren auf dem Buchcover abgebildet, sondern nur Petra Gerster, deren Popularität dem Werk binnen kürzester Zeit zu einem Platz in den Bestseller-Listen verhalf.

Einführende und abschließende Worte geben Hinweis darauf, wie sehr die Arbeit an dem Buch das Ehe- und Familienleben von Petra Gerster und Christian Nürnberger beeinflusst hat. So heißt es am Ende: »Wir danken unserem Lektor Jens Dehning, der sich kritisch über unseren Text gebeugt, die Diskussionen mit und vor allem zwischen den Autoren durchgehalten und mit Geduld und Diplomatie größere Ehezerwürfnisse verhindert hat.«

Wenngleich die Arbeit am Buch zu manchen Spannungen in der Beziehung geführt haben mag, so war die Entscheidung des Paares Gerster/Nürnberger, gemeinsam ein Buch zu schreiben, eine eheförderliche. Beziehungs-Experten verweisen auf die positiven Aspekte eines gemeinschaftlichen Projektes in einer Partnerschaft. Gemeinsam etwas auf die Beine stellen, zusammen ein Ziel verfolgen, an einem Strang ziehen erzeugt eine lebendige Arbeitsgemeinschaft in der Beziehung. Man hat Gesprächsstoff, muss aufeinander eingehen, zuhören können, sich zusammenraufen, man muss diskussionsfähig sein und auf einen gemeinsamen Nenner kommen.

Gemeinsam ein Buch zu schreiben heißt von der Idee bis zum Erscheinen des Buches über einen längeren Zeitraum, tagein und tagaus gefordert zu sein, denn ein Buchprojekt macht nicht vor der Privatsphäre halt – und schon gar nicht dieses, in dem es um familiäre Angelegenheiten geht.

Petra Gerster und Christian Nürnberger, die profilierten Journalisten, wenden sich mit ihrem Buch »Der Erziehungs-Notstand« an alle Eltern und Erzieher, die sich mit der Aufgabe konfrontiert sehen, richtige Erziehungsarbeit zu leisten. Sie beschreiben die Erziehungsrealität in Deutschland, erzählen von überforderten Eltern und Kindern, die verwöhnt und zugleich vernachlässigt werden. Dabei fließen auch eigene private Erlebnisse ein. Sie analysieren den beklagenswerten Zustand unserer Schulen und fragen nach der Rolle von Bildung und Erziehung in der Informationsgesellschaft.

Sozialkritisches Verhalten und Debattieren spielten bereits im Elternhaus von Petra Gerster eine entscheidende Rolle. Die 1955 in Worms geborene Tochter eines Arztes und Psychotherapeuten wuchs mit drei älteren Geschwistern in einem liberalen Elternhaus heran, in dem es üblich war, dass Eltern und Kinder über alles diskutierten, was in der Luft lag. Petra Gerster: »Wir stritten gern und mit Leidenschaft. Über den Pillen-Paul (wie wir den Papst damals nannten, der die Antibabypille verboten hat) und ob man dennoch in der katholischen Kirche bleiben könne. Ob Freuds Penisneid-Theorie frauenfeindlich war oder nicht. Ob Alice Schwarzer mit dem ›Kleinen Unterschied‹ Recht hatte oder Esther Vilar mit ihrem ›Dressierten Mann‹.« Petra Gerster lernte, was Ödipus-Komplex bedeutet und Frustration und politische Relevanz (das Letztere vom ältern Juso Bruder Florian Gerster, der später Sozialminister von Rheinland-Pfalz wurde).

Die Gespräche im Elternhaus von Petra Gerster waren gut, mitunter friedlich, manchmal wurde auch gelacht. Dennoch herrschten feste Regeln, die für alle galten: »Selbst im Streit wussten wir immer: Jeder konnte sagen, was er wollte, solange er nicht verletzend wurde. Und das Alter spielte keine Rolle. Auch ich als Jüngste wurde gehört«, schreibt Petra Gerster im Buch »Der Erziehungs-Notstand«. So spielt das Reden und Diskutieren auch heute, in ihrer eigenen Familie, eine wichtige Rolle, wobei auch die beiden Kinder, Livia (12) und Moritz (9), miteinbezogen sind.

Die rede- und streitgewandte Akademikertochter Petra studierte nach dem Abitur Slawistik und Germanistik (Lehramt). Danach durchlief sie ein Volontariat beim »Kölner Stadtanzeiger« und wurde Redakteurin. Dem Kölner Stadtanzeiger folgte der WDR, wo sie als Nachrichtenredakteurin tätig war. Seit 1989 arbeitet sie für das ZDF: bis 1999 als Redakteurin und Moderatorin des Frauenjournals »Mona Lisa« und seit 1998 als Moderatorin der Sendung »heute«.

Im Gegensatz zum akademischen Elternhaus spielte das Reden und Diskutieren im bäuerlichen Elternhaus von Christian Nürnberger, geboren 1951, keine besondere Rolle. In den kargen Gesprächen ging es über das Heumachen, das Kartoffelspritzen oder über das Verhältnis, dass der verheiratete Schorsch mit der Gretl hat. »Meine Eltern hatten keine Zeit, mich ›richtig‹ zu erziehen. Ich lief halt so mit, war entweder mit den Eltern auf dem Feld oder stromerte mit den anderen Dorfbuben durch die nähere oder weitere Umgebung«, schreibt Christian Nürnberger im Buch »Der Erziehungs-Notstand«. Schon damals hörte er gerne zu, wenn ihm seine Mutter an langen Winterabenden Geschichten erzählte, und er vertiefte sich in Bücher, die seinen Verstand schärften und ihn fit fürs Leben machten.

Anstatt dem Wunsch der Eltern zu folgen und Bauer zu werden, zog es den bildungshungrigen Jungen in die Schule und später an die Uni. Er absolvierte die Hamburger Henri-Nannen-Schule und begann seine journalistische Praxis als Lokalreporter bei der »Frankfurter Rundschau«, danach wechselte er als Redakteur zum Wirtschaftsmagazin »Capital« und im Anschluss daran war er als Textchef bei »high Tech« tätig.

Gegensätze ziehen sich an. Vor 20 Jahren gab der damals 30-jährige einstige Bauersohn und damalige Journalist Christian Nürnberger eine Heiratsanzeige in einer Zeitung auf. Die einstige Akademikertochter und damalige Redakteurin Petra Gerster fühlte sich von der Anzeige angesprochen. Sie trat mit dem Inserenten in Kontakt und traf sich bald darauf mit ihm zu einer ersten Verabredung, der weitere folgten. Beide fanden sich trotz der Gegensätze und vielleicht sogar deswegen sympathisch. Ihr imponierte das gesunde Selbstbewusstsein des kräftigen Mannes mit dem Bart. Er war von ihrer Ausstrahlung und ihrer Power beeindruckt. Aus der anfänglichen Zuneigung erwuchs Liebe. Vor 17 Jahren schlossen Petra Gerster und Christian Nürnberger den Bund fürs Leben.

Mit der Geburt des ersten Kindes gab Christian Nürnberger seinen festen Beruf auf und arbeitet seitdem als freier Autor für die »Süddeutsche Zeitung«, für »Stern«, »Geo« und »Spiegel spezial«. Daneben schreibt er Bücher. Zuletzt erschienen »Die Machtwirtschaft« (1999) und »Kirche, wo bist du?« (2000). Er hat seinen Arbeitsplatz zu Hause, was es ihm ermöglicht, jederzeit Ansprechpartner für die Kinder zu sein, insbesondere dann, wenn seine Frau im Sender arbeitet.

Bis zur Übernahme der Moderation der Nachrichtensendung »heute« lebte die Familie in München. 1999 erfolgte der Umzug nach Mainz. Dazwischen wohnte Petra Gerster ein halbes Jahr lang im Hotel: 15 Tage im Monat in Mainz, ihrem Arbeitsplatz, 15 Tage in München bei ihrer Familie, doch das war selbstredend kein Dauerzustand. Nach langem Suchen fand die Familie endlich ein passendes Haus in einem Mainzer Vorort, wo sich alle wohl fühlen, die Kinder ebenso wie der Hund und die beiden Katzen.

Bereits am Anfang ihrer Ehe waren sich Petra Gerster und Christian Nürnberger darüber einig, dass sie Kinder wollten, denn eine Ehe ohne Kinder konnten sie sich nicht vorstellen. Sie vertreten die Ansicht, dass Kinder einfach zum Leben dazugehören. Petra Gerster: »Was nützt denn alles, wenn man alt und einsam sterben muss. Ich finde es schön, dass das Leben sich in Kindern fortsetzen kann. Kinder sind das Einzige, was mir meine Vergangenheit erträglich macht.«

Petra Gerster und Christian Nürnberger sind engagierte Eltern. Sie haben den Wunsch, ihre Kinder richtig zu erziehen und sie nicht nur so nebenher laufen zu lassen. So macht es ihnen auch nichts aus, eigene Interessen und Hobbys zurückzustecken und nach dem Motto zu leben: »Unsere Kinder sind unser Hobby.«

Mit wachsamen Augen verfolgten sie, wie ihre eigenen Kinder mit anderen Kindern umgingen, wie Kinder mit ihren Eltern und umgekehrt umgingen. Die Erfahrungen, die sie dabei machten, gaben ihnen zu denken. »Als unser erstes Kind drei oder vier Jahre alt war«, schreiben sie in ihrem Buch, »fiel uns zum ersten Mal auf: Viele Kinder werden heute nicht mehr erzogen. Sie haben keine

Manieren. Sie sagen nicht bitte und danke, sie grüßen nicht und schweigen nicht, wenn Erwachsene reden.«

In ihrem Buch »Der Erziehungs-Notstand« berichten die Autoren lebhaft über eigene Erfahrungen, die den heutigen Erziehungsmangel dokumentieren. Da heißt es beispielsweise: »Wir sind zu Gast bei wohlhabenden Leuten und werden zufällig Zeugen, wie der zehnjährige Sohn sein polnisches Kindermädchen anherrscht und mit gebieterischer Geste aus seinem Kinderzimmer wirft«, oder: »Wir sitzen im Restaurant. Ein Gespräch kommt nicht in Gang, weil die Kinder vom Nebentisch lärmend durchs Restaurant toben und die Eltern wechselweise ihre Kinder zur Ordnung rufen. Jeder Ordnungsruf bewirkt eine zweiminütige Stille, dann geht das Getobe wieder los.«

Die Bereitschaft der Eltern, ihre Kinder zu gesellschaftsfähigen Menschen zu erziehen, sehen Petra Gerster und Christian Nürnberger heute weitgehend gefährdet: »Viele Eltern sind unfähig, nicht willens oder – wegen Berufstätigkeit – nicht in der Lage, ihre Kinder zu erziehen. Und eine wachsende Zahl von Eltern scheint ihre Gleichgültigkeit und Nicht-Erziehung mit Liberalität und Toleranz zu verwechseln.« Nach Ansicht der Autoren ziehen sich so manche Eltern statt eines gut erzogenen und höflichen Kindes einen kleinen Tyrannen heran, der nicht nur die Eltern piesackt, sondern auch andere Menschen.

Kinder nach Lust und Laune gewähren zu lassen hat nach Ansicht des Autorenehepaares nichts mit Liebe zu tun. Liebe bedeutet vielmehr, den Kindern ihre Grenzen aufzuzeigen, sie gesellschaftsfähig zu machen, ihnen Benehmen beizubringen und Bildung zukommen zu lassen. Petra Gerster und Christian Nürnberger bezeichnen sich als eher strenge Eltern, die ihre Kinder bedingungslos lieben. Sie lieben sie nicht nur, wenn diese gut funktionieren, sondern wirklich in jeder Situation. Die Liebe, die sie selbst als Kinder von ihren Eltern bekommen haben, ist ihnen bei der Erziehung der eigenen Kinder ein wichtiger Maßstab.

Die weit verbreitete Meinung, dass auch Medien die Kinder erziehen, teilen Petra Gerster und Christian Nürnberger nicht. Sie halten Erziehung für eine menschliche Aufgabe, die weder ein Computer noch ein Fernseher ersetzen kann. Sie schauen sich zwar auch gelegentlich Fernsehsendungen gemeinsam mit den Kindern an, »aber das Erlebnis besteht darin, dass wir es gemeinsam tun – wie beim Vorlesen«, so Christian Nürnberger. Sowohl er als auch seine Frau kontrollieren den Fernsehkonsum der Kinder, schon allein wegen des immensen medialen Mülls, der auf die Kinder losgelassen wird und der sich schädlich auf die kindliche Entwicklung auswirkt.

Petra Gerster und Christian Nürnberger nehmen sich so viel Zeit wie möglich für ihre Kinder. Dabei wechseln sich Tage ab, an denen sie überhaupt keine Zeit für die Kinder haben, und solche, wo sie reichlich Zeit für sie haben und viel zusammen unternehmen. »In jedem Fall achten wir sehr darauf, dass wir die Mahlzeiten gemeinsam einnehmen, Frühstück und Abendessen und ein langes Sonntagsfrühstück«, so Christian Nürnberger.

Christian Nürnberger arbeitet die meiste Zeit zu Hause, was Petra Gerster als berufstätige Mutter sehr begrüßt: »Wenn ich beim ZDF bin, ist er natürlich der Ansprechpartner für die Kinder und kocht das Abendessen.« Sie bedauert es, dass ihr Mann kein »Hausmann« ist, sondern die Hausarbeiten und das Aufräumen weitgehend ihr überlässt. Diskussionen darüber haben zu nichts geführt. Auf die Unordnung ihrer Lieben – auch die Kinder sind manchmal kleine Chaoten, so Petra Gerster – reagiert sie gelegentlich mit Aufbrausen und Schimpfen.

Gegensätzliche Ansichten werden im Hause Gerster/Nürnberger weder unter den Teppich gekehrt noch diktatorisch oder gar mit faulen Kompromissen geklärt, sondern sie sind in der Regel Anlass für Diskussionen, in denen die eigenen Ansichten klar definiert werden. Dabei gilt dieselbe Regel, wie sie bereits in Petra Gersters Elternhaus geherrscht hat: Jeder kann sagen, was er will, solange er nicht verletzend wird.

»In der Erziehung soll man nicht alles gleichgültig hinnehmen – man soll aber auch nichts überdramatisieren« ist das Motto der beiden Medienmenschen. Petra Gerster: »›Das verwächst sich‹, sagten unsere Großmütter immer, wenn unsere Mütter dieses und jenes an uns auszusetzen hatten. Ein weises Wort – auf das sich Eltern viel häufiger verlassen sollten. Statt alles gleich therapieren zu wollen, sollte man öfter darauf warten, dass etwas von selbst vergeht.«

Was für Kinder und Eltern gilt, gilt auch für Mutter und Vater, für Ehefrau und Ehemann in der Partnerschaft.

In einem »Bunte«-Interview aus dem Jahre 1999 bekundete Petra Gerster, dass sie seit vielen Jahren glücklich mit ihrem Mann verheiratet ist. Auf die Frage des Journalisten, wie man glücklich wird, meinte sie, dass das die schwierigste Frage überhaupt ist. Ihre Empfehlung: »Man muss einen Lebenspartner finden, der zu einem passt, der ähnliche Wertvorstellungen hat und – vor allem – über dieselben Dinge lachen kann.« Um einen geeigneten Lebenspartner zu finden, fügt sie hinzu, muss man sich selbst gut kennen, muss man wissen, wer man ist und wer man nicht ist, was man will und was nicht.

Damit man in der Ehe glücklich wird und glücklich bleibt, darf man nicht alles zu ernst nehmen, auch nicht sich selbst. Wichtig sei, eine gewisse Distanz zur eigenen Person und zum jeweiligen Geschehen. Das erleichtert es einem, dass man über sich selbst lacht oder manches leichter nimmt.

Sowohl Petra Gerster als auch Christian Nürnberger sind sich darüber klar, dass eine Ehe harte Arbeit ist. »Jeder einzelne Mensch ist unheimlich kompliziert. Und wenn zwei komplizierte Menschen ein Leben lang zusammenbleiben wollen – das geht nicht mit links«, so Petra Gerster.

Beim Ehepaar Gerster/Nürnberger ist es eine Mischung aus »Gegensätze ziehen sich an« und »selbe Ansichten und Interessen verbinden«, die sich förderlich auf ihre Partnerschaft auswirkt. Sie räumt ein, ein Faible zu haben für Designer-Kleidung und schöne Accessoires, er bekundet, davon völlig frei zu sein. Er hingegen wird nach ihren Worten zum »Fetischisten«, wenn es um Computer geht, während sie dafür nicht viel übrig hat. Beide aber verbindet dieselbe Neigung für den journalistischen Bereich, für das Schreiben und natürlich für die gemeinsamen Kinder und deren Lebensglück.

Aber auch Liebe und ein erfülltes Sexualleben spielen in der Partnerschaft eine wichtige Rolle. Auf die Frage eines Journalisten, wie oft man in der Ehe Sex haben soll, gab Petra Gerster zur Antwort: »Luther sagte, zweimal in der Woche. Aber ich glaube nicht, dass es dafür eine Regel gibt. Jeder hätte gern mehr, als er bekommt.

Doch das ist eine private Kiste. Da möchte ich eher keine Ratschläge geben. Fragen Sie das lieber Verona Feldbusch.« Als erfahrene und souveräne Moderatorin und Journalistin weiß Petra Gerster eine Antwort auf alle Fragen, auch auf heikle.

Auf der Karriereleiter – »ich wollte keine Karriere machen – sie hat mich ereilt« – hat Petra Gerster ihren Mann weit hinter sich gelassen. Während sie prominent ist, ist er »nur« der Mann von Frau Gerster. Belastet das die Beziehung, wurde sie in einem Interview 1999 gefragt? »Nein«, gab sie zur Antwort, »er sieht das alles ohnehin ganz anders. Sein neues Buch ›Machtwirtschaft‹ hält er für entschieden bedeutender als meine Nachrichtenmoderation. Und das ist es wohl auch. Außerdem hat Christian im Gegensatz zu mir ein sehr gesundes Selbstbewusstsein.« Petra Gerster ist eine Frau, die trotz ihres Erfolges auf dem Teppich geblieben ist – vielleicht auch dank ihres Mannes, der ihr neidlos den Erfolg gönnt.

Quellen:

Petra Gerster/Christian Nürnberger: »Der Erziehungs-Notstand«, Rowohlt Verlag Berlin, 2001
Der Spiegel – Spiegel Online: Artikel vom 27. 8. 2001 »Man muss den Charakter bilden«
Zeitschrift Bunte, 26/99, Interview mit Petra Gerster »So schön war ›heute‹ noch nie«.

Rezept für eine glückliche Ehe

Michael Hinz: »Wir liebten uns schon, bevor wir uns kannten. Als wir uns das erste Mal sahen, hat's sofort gefunkt. Wir passen eben zueinander wie Topf und Deckel. Auch heute noch, nach 33 Jahren Ehe gehen wir wirklich liebevoll miteinander um. Das Wichtigste: Man muss auch tief miteinander befreundet sein, sonst kann die Liebe nicht klappen.«

Viktoria Brams und Michael Hinz, Schauspieler
(seit 1968 verheiratet)

Marcel & Teofila (Tosia) Reich-Ranicki

Marcel Reich-Ranicki gilt neben Alfred Kerr als der größte Literaturkritiker des 20. Jahrhunderts. Literaturpapst nennen ihn gar einige respektvoll. Er ist mit 82 Jahren berühmt wie wenige lebende Schriftsteller. Er kennt alles: Ruhm, Macht, Liebe, Tragik, Flucht, Neid, Hass, Angst, Rausch. Und so wie er alles kennt, kennt auch seine Frau Tosia, die seit 60 Jahren sein Leben mit ihm teilt, alles. Sie haben viel Glück miteinander erfahren, aber auch viel Leid.

Als Marcel Reich-Ranicki 1999 seine Autobiografie »Mein Leben« schrieb, schloss er das Buch mit einer kurzen bildhaften Szene aus seinem Privatleben: »Es ist der 12. März 1999, Tosias Geburtstag, der Tag, an dem ihr achtzigstes Lebensjahr beginnt. Wir sind allein, es ist sehr still, ein später Nachmittag. Sie sitzt, wie immer, auf dem schwarzen Sofa vor einer unserer Bilderwände ...«. Die Szene endet mit einer Liebeserklärung, einem Zitat von Hofmannsthal: »Ist ein Traum, kann nicht wirklich sein, dass wir zwei beieinander sein.«

Eine Liebeserklärung à la Marcel Reich-Ranicki. Keine Worte aus der Umgangssprache, sondern ein Zitat aus einem literarischen Werk. In einem Interview bekundete Tosia später, wie sehr sie sich über den Schluss des Buches gefreut hat, und fügte hinzu: »Eine schönere Liebeserklärung kann es nicht geben.« Sie weiß poetische Worte zu schätzen.

Die Arbeit am Buch »Mein Leben« brachte Abwechslung und Nähe in die Beziehung des Ehepaares Reich-Ranicki, war Anlass zu vielen lebhaften Gesprächen. Tosia: »Wir haben vor jedem einzelnen Kapitel gemeinsam über die Erlebnisse gesprochen. Wir haben unsere Erinnerungen ergänzt. Mein Mann hat ja ein viel besseres Gedächtnis als ich. Ich hatte viele Dinge einfach vergessen.« Ihre Worte lassen durchklingen, wie sehr sie ihm zugetan ist, ihn bewundert, sich ihm unterlegen fühlt.

Marcel Reich-Ranicki reagiert auf die Ausführungen seiner Frau nicht mit männlichem Chauvinismus, sondern bemüht sich das Bild zurechtzurücken: »Aber oft hat auch meine Frau mich an Details erinnert, die mir nicht gegenwärtig waren. Wir waren da schon aufeinander angewiesen.«

»Angewiesen« – welch ein treffendes Wort. Aufeinander angewiesen waren Marcel und Tosia Reich-Ranicki in ihrer 60-jährigen Ehe immer wieder: im Warschauer Getto ebenso wie in den Aufbaujahren nach dem Krieg. Er hat sie vor dem drohenden Abtransport in die Gaskammer gerettet, hat ihr Überleben gesichert, sich um sie gekümmert, sie hat ihm dabei geholfen, seine literarischen Ambitionen zu verwirklichen, hat gearbeitet und den Lebensunterhalt mitbestritten, war ihm literarische Gesprächspartnerin und Muse zugleich.

Marcel und Tosia Reich-Ranicki, die beiden polnischen Juden – er, aufgewachsen in Berlin, sie im polnischen Lodz –, sind gemeinsam durch Hölle und Himmel gegangen. Ihre Liebesgeschichte ist eine Überlebensgeschichte, in der Liebe und Tod eng verwoben sind. Sie begann in Warschau im Jahr 1940 mit dem Selbstmord von Tosias Vater. Als Marcels Mutter davon hörte, sagte sie zu ihrem 19-jährigen Sohn: »Geh sofort dahin, der Langnas hat doch eine Tochter, ihrer muss man sich jetzt annehmen.« Diese Ermahnung hat der Sohn nie vergessen, sein ganzes Leben lang nicht.

Damals sah Marcel Reich-Ranicki die 19-jährige Teofila, die von allen Tosia genannt wurde, zum ersten Mal. Er fand die junge Frau, die kurz zuvor das Abitur gemacht hatte und davon träumte, in Paris Grafik und Kunstgeschichte zu studieren, aus verschiedenen Gründen sympathisch – unter anderem, weil sie Deutsch konnte und ihr die Literatur nicht gleichgültig war. Bereits bei dieser Begegnung kam es zu einem ersten Aufflackern der Liebe.

Wie selbstverständlich begleitete Marcel Tosia am nächsten Tag zur Beerdigung, stützte sie am Grab. »Ein Freund des Vaters fragte etwas verwundert, wer denn eigentlich der junge Mann sei, der sich offensichtlich der Tochter des Toten annahm. Vielleicht hielt er es für unpassend oder etwas ungehörig. Aber wir beide, sie und ich, wir machten uns keine Gedanken darüber. Wir empfanden es schon als selbstverständlich, dass wir an diesem düsteren, regnerischen Tag im Januar 1940 zusammen waren. Und wir blieben zusammen«, schreibt Marcel Reich-Ranicki in seiner Autobiografie.

Die einsetzende Liebesgeschichte stand ganz im Zeichen des Todes und seiner Überwindung im Warschauer Getto. Doch trotz des Hungers, der Kälte, der Armut, den Schikanen und des Leides fand das Liebespaar immer wieder Gelegenheit für eine Hand voll

Glück. Sooft es ging, trafen sie sich, erzählten sich gegenseitig ihr Leben, lasen Gedichte von Mickiewicz und Tuwim, von Goethe und Heine. »Sie wollte mich für die polnische Poesie gewinnen, ich wollte sie zur deutschen Dichtung bekehren und verführen. So gewannen wir einander.« Beim Nachhausegehen dachte er an die Worte, die Sophie ganz am Ende des »Rosenkavaliers« singt: »Ist ein Traum, kann nicht wirklich sein.«

Marcel Reich-Ranicki, dessen Lieblingsfach »Deutsch« am Berliner Gymnasium gewesen war und der gerne Germanistik studiert hätte, arbeitete in Warschau als Übersetzer für den »Judenrat«. Auch in Warschau blieb er seinem Hobby, dem Lesen von Novellen, Romanen und Theaterstücken, treu, wenngleich es nicht leicht war, an deutsche Bücher zu gelangen. Als er einmal unbedingt ein Buch von Erich Kästner mit dem Titel »Lyrische Hausapotheke« haben wollte, es aber nicht bekommen konnte, erfüllte ihm Tosia seinen Herzenswunsch. In mühevoller Kleinarbeit kopierte sie das Buch von Hand und illustrierte es dazu. »Das so erstandene Buch erhielt ich zu meinem 21. Geburtstag – am 2. Juni 1941 im Warschauer Getto. War mir je ein schöneres Geschenk zugedacht worden? Ich bin mir nicht sicher. Doch nie habe ich eins bekommen, auf das mehr Mühe verwendet wurde – und mehr Liebe«, erinnert sich Marcel Reich-Ranicki in seiner Autobiografie.

Nachdem die SS am 22. Juli 1942 das Todesurteil über die Juden von Warschau gefällt hatte, folgte Marcel dem Rat einer Freundin und heiratete die etwas überraschte Tosia noch am selben Tag. Sie wurden von einem Theologen des »Judenrates« getraut. Zu den Flitterwochen schreibt Marcel Reich-Ranicki: »Eine Hochzeitsreise haben wir nicht gemacht, sie blieb uns, Tosia und mir, erspart – sie hätte ja nur ein einziges Ziel haben können: die Gaskammer.«

Tosia und Marcel Reich-Ranicki hatten in dieser schrecklichen Zeit nur einen Wunsch: zu überleben und beisammen zu bleiben, was immer auch kommen mochte. So schlug Tosia auch ein Angebot einer nichtjüdischen Verwandten, sie aus dem Getto zu bringen und ihr Leben zu retten – aber eben nur ihres – aus. Marcel Reich-Ranicki in seinen Lebenserinnerungen: »Dass eine Frau ihr Leben riskiert, um einen Freund, einen Geliebten, einen Ehemann zu retten, dieses Motiv kannte ich wohl – aus Opern, aus Balladen und

Novellen. Damals im Warschauer Getto habe ich es zum ersten Mal in der Wirklichkeit erfahren.«

Bald danach begannen die großen Judenvergasungen, denen Hunderttausende von polnischen Juden zum Opfer fielen, unter anderem auch die Familien von Marcel und Tosia. Auf dem gefürchteten »Umschlagplatz« in Warschau sagte die Mutter von Marcel, die angesichts des bevorstehenden Abtransportes in die Gaskammer erstaunlich ruhig war, mit eindringlicher Miene zu Tosia: »Kümmere dich um Marcel.« Dieser Aufforderung ist Tosia ein Leben lang nachgekommen. Dieses Versprechen, das sie der Schwiegermutter insgeheim gegeben hat, machte sie leidensfähig, ließ in ihr aber auch immer wieder die Kraft erwachsen, für das Glück ihrer Ehe zu kämpfen und – wie auch immer – daran festzuhalten.

Der Verlust der Familien ließ Marcel und Tosia noch näher zusammenrücken. Sie empfanden es als Glück, wenigstens einander noch zu haben. Gemeinsam überlebten sie den Holocaust. »Warum gerade wir?«, fragten sie sich, ohne eine Antwort darauf zu finden. Als sie die Nachricht erhielten, dass am 9. Mai 1945 die bedingungslose Kapitulation aller deutschen Streitkräfte unterzeichnet worden und damit der Zweite Weltkrieg beendet war, empfanden sie nicht Freude, sondern Trauer, Wut und Zorn. Sie spürten, die Wolken dieser schrecklichen Zeit würden sich nie mehr verziehen, sondern ein Leben lang bleiben.

Auf die Hölle folgte ein neuer Anfang unter einem besseren Stern: 1945 suchte der polnische Geheimdienst junge Männer mit Fremdsprachenkenntnissen, die sich im Ausland, zumal in Deutschland, auskannten. Marcel Reich-Ranicki: »Bevor ich über das Angebot informiert wurde, gefiel es mir schon, wenn auch vorerst in Grenzen.« Sein Wunsch, nach Berlin geschickt zu werden, erfüllte sich. Nach Berlin folgte London. Zwei Jahre lang, von 1948 bis 1950 lebten Marcel und Tosia Reich, die sich in London Ranicki nannten, in der britischen Hauptstadt. »Unser Leben dort war schöner, luxuriöser und auch freier als im zerstörten Warschau«, schreibt Marcel Reich-Ranicki in seiner Autobiografie: »Es ging uns sehr gut in den beinahe zwei Londoner Jahren. Wir hatten, wovon wir in Warschau nicht einmal träumen konnten: eine gut ausgestattete, geräumige Wohnung. Auch bekamen wir einen ziemlich großen amerikanischen Wagen.« Die so lange vernachlässigte Kunst, insbesondere Literatur und Musik, trat wieder in den Vordergrund – gemeinsam gingen Marcel und Tosia häufig ins Theater, in die Oper oder in Konzerte.

In London kam 1948 der Sohn der beiden, Andrew Ranicki, auf die Welt. Er ist heute Professor für Mathematik an der Universität Edinburgh und hat eine 20-jährige Tochter, Carla, die Anglistik an der Universität in London studiert.

Als auf die relativ liberale Periode in Polen die Zeit des Stalinismus in Polen folgte und antisemitische Akzente erkennbar wurden, bat der Kosmopolit Marcel Reich-Ranicki um seine Abberufung aus dem Amt. Mit der Rückkehr nach Polen wurde er sogleich verhaftet und kam ins Gefängnis. Er durfte sich von Tosia ein Buch schicken lassen. Es war ein Roman, das »Siebte Kreuz« von Anna Seghers. »Während der Lektüre«, schreibt Marcel Reich-Ranicki, »spürte ich immer deutlicher, dass meiner Laufbahn, die ich jetzt in Ruhe überblicken konnte, ein fatales Missverständnis zu Grunde gelegen hatte: Ich hatte geglaubt, die Politik könne meine Sache sein oder werden. Aber den Roman von Anna Seghers lesend, den ich noch heute liebe und bewundere, begriff ich, dass mich die Literatur ungleich mehr interessierte als alles andere. So überlegte ich mir, ob es vielleicht möglich sein könnte, zur lange vernachlässigten Partnerin meiner früheren Jahre zurückzukehren – zur Literatur also.«

Nach dem Ausschluss aus der Partei war Marcel Reich-Ranicki verfemt und bekam es täglich zu spüren. Wenn ihn Bekannte – nach seiner Entlassung aus dem Gefängnis – auf der Straße sahen, machten sie einen großen Bogen um ihn. Auch Tosia bekam den scharfen Wind zu spüren. In einem vertraulichen Gespräch legten es ihr Parteimitarbeiter nahe, sich von ihrem Mann abzuwenden und sich offiziell scheiden zu lassen. Marcel Reich-Ranicki: »Sie lehnte das Ansinnen der Partei ohne Begründung ab. Kurze Zeit darauf erlitt sie einen schweren, äußerst heftigen Nervenzusammenbruch. War es eine Spätfolge ihrer Erlebnisse während der deutschen Okkupation? Oder hatte dieser Zusammenbruch eher damit zu tun, was sie nach unserer Rückkehr aus London durchmachen musste? Die Ärzte waren sicher, dass beides zutraf.« Tosias Gesundung dauerte mehrere

Wochen. Bald darauf bekam sie einen Redakteursposten im polnischen Rundfunk.

Auch Marcel Reich-Ranicki erhielt eine Stellung, auf seinen Wunsch hin in einem Buchverlag, der auch deutsche Literatur publizierte. Eines Tages fragte ihn eine Kollegin, ob er wisse, wer Gerhart Hauptmann sei, denn sie habe einen Auftrag des polnischen Rundfunks angenommen, anlässlich seines 5. Todestages einige Maschinenseiten zu verfassen. Marcel Reich-Ranicki: »Ich lieferte ihr am nächsten Morgen einige Seiten über Hauptmann. Sie war sehr zufrieden und fragte mich, warum ich mich nicht als Kritiker betätige.«

Ihre Frage lieferte den Anstoß dafür, dass er kurz darauf eine Rezension über ein in polnischer Sprache erschienenes deutsches Buch verfasste und sie an eine der besten Wochenzeitungen des Landes schickte. Zu seiner Überraschung wurde sie prompt gedruckt, mehr noch: Man bat ihn, regelmäßig in Polen verlegte deutsche Literatur zu besprechen. Marcel Reich-Ranicki: »Beinahe über Nacht war ich geworden, wovon ich in meiner Jugend geträumt hatte: ein Kritiker. Und ich war, obwohl ein Anfänger, doch schon ein freier Schriftsteller.«

Das bescheidene Glück von Marcel und Tosia Reich-Ranicki erlebte einen tiefen Einschnitt, als Marcel Reich-Ranicki mit einem Publikationsverbot belegt wurde. Da er fortan keine finanziellen Einkünfte mehr hatte, musste die Familie von Tosias geringem Gehalt leben. Die Situation verbesserte sich, als er vom polnischen Rundfunk die Gelegenheit erhielt, Gespräche mit deutschen Publizisten, Verlegern, Journalisten, Musikern zu führen. Marcel Reich-Ranicki: »Von der Funkarbeit, die nicht ganz uninteressant war und die mir nicht schwer fiel, konnten wir in der Zeit, in der ich nichts publizieren durfte, leidlich leben – natürlich zusammen mit Tosias Gehalt.«

1958 fassten Marcel und Tosia Reich-Ranicki den Entschluss, Polen zu verlassen und in Deutschland zu leben. Sie nutzten einen »Studienaufenthalt«, um nicht mehr nach Polen zurückzukehren. Beiden fiel der Abschied von Warschau schwer. Sie hatten immerhin 20 Jahre ihres Lebens in dieser Stadt verbracht, hatten viel erlebt, ertragen, gelitten und geliebt. »Geliebt?«, schreibt Marcel Reich-

Ranicki in seiner Autobiografie. »Ja, es gab eine lange und ernste Beziehung, die Freundschaft mit einer jungen Psychologin. Sie bedeutete mir außerordentlich viel. Die Dankbarkeit, mit der ich mich an diese Liebesgeschichte erinnere, gilt zwei Frauen – die andere ist jene, die sie geduldet hat.«

Tosia und Marcel waren fest entschlossen, sich trotz dieser Affäre auf keinen Fall zu trennen – vielleicht mag dies ihren Entschluss, Polen zu verlassen, mit beeinflusst haben. Polen zu verlassen, hieß nicht nur in einem fremden Land unter besseren Voraussetzungen neu zu beginnen, sondern auch das zurückzulassen, was ihrer Ehe vielleicht doch noch eines Tages hätte gefährlich werden können.

Wie hat sich dieses Verhältnis auf ihre Ehe ausgewirkt? »Vielleicht bewährt sich eine Ehe gerade dann, wenn man, wohl wissend, dass der Partner ein Liebesverhältnis hat, zwar leidet, selbstverständlich aber den Gedanken weit von sich weist, dies könne die Ehe wirklich gefährden. Zu solchen Leiden und zu solchen Gedanken haben wir beide, Tosia und ich, Anlass gehabt«, so Marcel Reich-Ranicki.

Frankfurt wurde die erste Station ihres neues Lebens. Marcel Reich-Ranicki konnte zum Glück schnell Fuß fassen als freier Literaturkritiker bei der »Frankfurter Allgemeinen«. Die Familie lebte in einem kleinen Zimmer zur Untermiete, das ihr Wohn-, Schlaf- und Arbeitszimmer war. Sie hatten nichts, keine Möbel und keine Gardinen, keine Bettwäsche, keine Handtücher und kein Geschirr, kein Rundfunkgerät und auch keine Bibliothek. Doch trotz der bedrängten Lebensverhältnisse waren Marcel und Tosia Reich-Ranicki weder unzufrieden noch deprimiert. »Unsere Laune war also gut und sie wurde immer besser. Denn anders als ich befürchtet hatte, musste ich mich nicht um Arbeit bemühen. Überdies gingen mir die Manuskripte, die bei mir bestellt wurden, leicht von der Hand – und ich erhielt stets weitere Aufträge«, erinnert sich Marcel Reich-Ranicki in seiner Autobiografie.

Tosia Reich-Ranicki bezeichnet die Anfangsjahre nach dem Krieg, den Beginn in Deutschland, als die schönste Phase ihres Lebens. Warum? »Alles war neu. Wir hatten das Leben und viel Hoffnung.« Die Hoffnung auf den Himmel, wenigstens ein Stück davon, hatten Marcel und Tosia Reich-Ranicki trotz aller Widrigkeiten nie aufgegeben. Deutschland bot ihnen die Chance auf ein neues Lebensglück – und sie nutzten die Gelegenheit.

Im Sommer 1959 zogen sie nach Hamburg, wo Marcel Reich-Ranicki für »Die Zeit« arbeitete. Die Familie lebte in einer Zweieinhalb-Zimmer-Sozialwohnung. Immerhin hatte Marcel Reich-Ranicki sein eigenes Arbeitszimmer, ein ungewohnter, wenngleich notwendiger Luxus für einen Kritiker und Autor, der überwiegend zu Hause arbeitet. Von Monat zu Monat ging es ihnen besser, auch dank der Funkarbeit, die das Einkommen vergrößerte.

Marcel Reich-Ranicki machte sich einen Namen als Literaturkritiker. Er erinnert sich: »Schon 1960 – ich war erst zwei Jahre im Westen – hat mich ›Die Zeit‹ in einer Umfrage zu den ›führenden Buchkritikern‹ der deutschsprachigen Welt gezählt. Ab Oktober 1961 wurden meine Kritiken dort durch eine besondere Unterzeile hervorgehoben: ›Marcel Reich-Ranicki bespricht ...‹ Anfang 1964 kam noch eine Funkserie hinzu: das ›Literarische Kaffeehaus‹, die von mehreren Sendern gleichzeitig ausgestrahlt wurde, zum Teil auch vom Fernsehen.«

Trotz des beruflichen Erfolges lagen auch Schatten über dem Leben von Tosia und Marcel Reich-Ranicki. Es fiel ihnen schwer, sich in Hamburg einzuleben. Auch nach mehreren Jahren fühlten sie sich ziemlich einsam und isoliert. »Von einem Hochgefühl konnte also nicht die Rede sein – zumal Tosias Gesundheit viel zu wünschen übrig ließ, es gab ernste und langwierige Krisen«, so Marcel Reich-Ranicki. Aber auch diese schwierigen Phasen hat das Ehepaar gemeinsam bewältigt und so das Band, das sie beide verband, noch enger geschmiedet.

Als Marcel Reich-Ranicki 1973 die Leitung des Literaturteils der »Frankfurter Allgemeinen« angeboten bekam, kehrte das Ehepaar nach Frankfurt zurück, wo sie seitdem leben. Auf die Frage, welche Phase in seinem Leben die schönste war, gab Marcel Reich-Ranicki in einem Interview zur Antwort: »Die 15 Jahre, in denen ich den Literaturteil der ›FAZ‹ geleitet habe, das war schon eine sehr schöne Zeit. Ich konnte machen, was ich wollte. Ich war da, wo ich hinwollte.«

Als schicksalhaft stellte sich der Besuch zweier gebildeter Herren vom Zweiten Deutschen Fernsehen im Sommer 1987 heraus. Marcel Reich-Ranicki: »Die Herren tranken Tee und tranken Schnaps und waren guter Laune. Es dauerte lange, bis sie, vielleicht vom Alkohol ermutigt, endlich mit der Sprache herausrückten. Ob ich Lust hätte, für das ZDF eine regelmäßige Literatursendung zu machen?« Marcel Reich-Ranicki wollte zuerst nicht, sagte aber schließlich doch zu, nachdem seine Bedingungen erfüllt wurden.

Am 25. März 1988 wurde die Sendung zum ersten Mal ausgestrahlt: »Das literarische Quartett«. Von Anfang an waren Sigrid Löffler und Hellmuth Karasek dabei. Die Sendung wurde schnell zur publikumswirksamen öffentlichen Instanz für Buchkritik und lockte ein Millionenpublikum an. Das »Literarische Quartett«, das mit dem Ende des Jahres 2001 eingestellt wurde, erzielte eine Wirkung für die ernste Literatur, wie sie das Fernsehen noch nicht erreicht hatte. Der Nachfolger des »Literarischen Quartetts« ist die Sendung »Marcel Reich-Ranicki solo«.

Gelegentlich hat der Literaturkritiker auch ein Projekt zusammen mit seiner Frau Tosia gemacht, beispielsweise 1998 die Herausgabe eines Lyrik-Bandes von Erich Kästner. Tosia wählte die Gedichte aus, Marcel Reich-Ranicki schrieb das Nachwort. Sie gaben dem Buch den Titel »Seelisch verwendbar«, nach einer Formulierung Kästners.

Tosia Reich-Ranicki hat aber auch eigene Projekte realisiert, unter anderem übersetzte sie einige Kinderbücher und Filmskripte aus dem Polnischen ins Deutsche. Im Warschauer Getto begann sie mit einer Serie grafischer Blätter, die den alltäglichen Schrecken darstellten. Die meisten Zeichnungen entstanden 1942, die beiden letzten Blätter wurde einige Zeit nach der Flucht aus dem Getto 1943 hinzugefügt. Die Mappe mit den Blättern konnten die Reich-Ranickis vor ihrer Flucht aus dem Getto herausschmuggeln und verstecken lassen. Tosias Bilder wurden mehrfach in verschiedenen deutschen Museen ausgestellt.

Zusammen mit der polnischen Schriftstellerin Hanna Krall erstellte und publizierte Tosia im Herbst 2000 ein Buch mit dem Titel »Es war der letzte Augenblick – Leben im Warschauer Getto«, für das sie 30 Aquarelle malte. Bei der Buchpräsentation auf der Frankfurter Buchmesse war auch Ehemann Marcel Reich-Ranicki anwesend, obwohl er sonst dem Trubel lieber fern bleibt und nur zu großen Veranstaltungen geht, wenn man ihn zwingt. Aber seiner Tosia wollte er diesen Gefallen tun. Liebe zeigt sich ganz besonders in den kleinen Gesten des Alltags. »Liebe«, so schrieb Marcel Reich-Ranicki 1991 in einem Artikel, »ist ein Glück, das Leiden bereitet, und ein Leiden, das den Menschen beglückt.« Tosia und Marcel Reich-Ranicki haben viel Leid erfahren, aber auch viel Glück. Doch was immer auch geschah, an ihrer innigen Beziehung hat es nichts geändert. Liebe – bis dass der Tod euch scheidet!

Quellen:

Marcel Reich-Ranicki, »Mein Leben«, dtv 1999
Interview in der Zeitschrift »Die Welt«: »Wir waren zusammen in der Hölle und im Himmel« von Mathias Döpfner
Artikel: »Die Reich-Ranicki AG – Der Literaturkritiker wird heute 80 Jahre alt« von Mathias Döpfner

Rezept für eine glückliche Ehe

Ruth Maria Kubitschek: »Wir führen beide ein eigenständiges Leben. Wir brauchen unseren Freiraum. Man muss jemanden haben, um durchs Leben zu gehen, aber es muss nicht unbedingt diese Enge sein.«
Ruth Maria Kubitschek: »Eine Ehe ist nur dann wunderbar, wenn beide Partner gleichberechtigt sind. Das Wichtigste ist, dass sich die beiden Seelenlichter entwickeln können. Der eine Ehepartner sollte der Hüter des anderen sein. Mann muss in der Liebe loslassen können.«

Ruth Maria Kubitschek, Schauspielerin, und Wolfgang Rademann, TV-Produzent
(seit über 10 Jahren Lebensgefährten)

Erich J. & Irène Lejeune

Erich J. Lejeune gilt als eine der agilsten und innovativsten Unternehmerpersönlichkeiten Deutschlands. 1976 gründete er sein Unternehmen »ce« Consumer Electronic GmbH mit Sitz in München. Seine Konzeption, das Brokersystem in den Handel mit Mikrochips einzuführen, erwies sich als bahnbrechend und zukunftsweisend. Dieses System setzte sich im Chiphandel weltweit durch. Die ce AG mit Erich J. Lejeune an der Spitze zählt heute zu den erfolgreichsten Brokerhäusern der Welt und erzielt einen Umsatz von über 400 Millionen Euro pro Jahr.

Über seine persönliche Erfolgsstory, vergleichbar mit der des Aufstiegs vom »Tellerwäscher zum Millionär«, hat der geborene Münchner mit den hugenottischen Wurzeln mehrere Bücher geschrieben, unter anderem »Mr. Chip«, »die ce-story«, »Lebe ehrlich – werde reich«, »Mein Marathon des Lebens«. In seinen hunderttausenden verkauften Büchern sowie zahlreichen Erfolgs- und Motivationsseminaren begeistert er die Mitmenschen für ihren persönlichen Erfolgsweg mit seinem Motto: Du schaffst, was du willst! Erich J. Lejeune ist Senator h. c. im Bundesverband Mittelständischer Wirtschaft und Sprecher des BVMW-Wirtschaftssenats sowie beliebter Spitzenreferent bei Veranstaltungen deutscher Wirtschaftsunternehmen.

Seinen kometenhaften Aufstieg verdankt Erich J. Lejeune, geboren 1944, aufgewachsen in einfachsten Verhältnissen, seinem herausragenden verkäuferischen Talent, das ihn schon in jungen Jahren Karriere als Verkäufer in der Elektrogroßhandelsbranche machen ließ. Aber es war nicht nur sein Talent, das ihn nach oben brachte, sondern auch seine enorme Freude und Begeisterung für seinen Beruf. Einkaufen und Verkaufen, das lag ihm im Blut, und seine eigene Freude und Begeisterung für dieses Metier übertrug sich auf seine Kunden.

Mitte der 70er-Jahre wurde sein Karriereweg durch eine fristlose Kündigung und ein zweijähriges Wettbewerbsverbot jäh unterbrochen. Hinzu kam, dass ihn sein früherer Chef und Partner in der Elektronikbranche diffamierte, wo er nur konnte. Eine wirtschaftlich schwierige Zeit bahnte sich an, die Erich J. Lejeune an den Rand des Ruins brachte. Auch wenn er heute Multimillionär ist, so scheut er sich nicht, ganz offen über diese belastende Zeit zu sprechen, in der er nahe daran war, seinem Leben ein Ende zu setzen. Doch er hatte Glück und bekam in der Schweiz eine neue Chance, die ihm wieder eine Zukunftsperspektive bot. Das Unternehmen »Saphirwerke AG« in Biel stellte ihn 1976 als kaufmännischen Direktor ein.

Ein weiteres Glück wurde ihm in der Schweiz zuteil: Er lernte Irène kennen, einzige Tochter einer gutbürgerlichen Familie aus Biel. Erich J. Lejeune erinnert sich: »Ich wohnte damals im Hotel Atlantik und ging am Abend öfters in die Hotelbar des benachbarten Hotels Elite, um etwas zu trinken und meiner Einsamkeit zu entfliehen. Eines Abends saß ich in Gedanken versunken an der Bar und dachte über mein Leben nach, das komplett verfahren schien: die vielen Schulden, die ich noch hatte, meine Frau, die nicht in die Schweiz kommen wollte, unsere kleine Tochter Sandra, die sich mir immer mehr entfremdete. Als ich so saß, fiel mein Blick auf zwei Frauen, die sich unterhielten und dabei lachten. Ich verspürte ein Verlangen, mit ihnen zu sprechen und sie auf ein Glas Wein einzuladen, was ich dann auch tat. Irène gefiel mir gleich sehr gut und ich fragte sie: ›Was für ein Sternzeichen sind Sie?‹, und sie antwortete: ›Ich bin Zwilling‹, woraufhin ich sagte: ›Ich bin auch Zwilling.‹ Es stellte sich heraus, dass sie am 16. und ich am 15. Juni Geburtstag hatte und dass sie zwei Jahre jünger war als ich. Wir fanden uns von Anfang an sehr sympathisch.«

Irène hatte eine kaufmännische Ausbildung genossen und nach Erlangung des Diploms in einem bekannten Bieler Unternehmen gearbeitet, wo sie ihren ersten Mann kennen lernte, der dort als Direktor tätig war. Er brachte zwei Kinder mit in die Ehe. Nach der Geburt der gemeinsamen Tochter Florence ging Irène ganz in der Rolle der Hausfrau und Mutter auf. Wie Erich J. befand sich auch Irène bei ihrem Zusammentreffen in einer schwierigen Situation, denn sie stand gerade vor der Entscheidung, sich von ihrem Mann zu trennen.

Dem ersten Kennenlernen folgten weitere Treffen, in denen sich Erich J. Lejeune und Irène ihre Lebensgeschichte erzählten. Irène Lejeune erinnert sich: »Mich hat das Schicksal meines Mannes tief bewegt, ja auch irgendwie wütend gemacht. Man kann doch einen Menschen nicht so einfach kaputtmachen! Ich habe gesehen, dass er am Ende war, dass er kein Selbstvertrauen mehr hatte. Aber ich habe auch gemerkt, dass er unglaublich intelligent ist, dass etwas in ihm steckt, das heraus will, das etwas bewegen will. Und was mich am meisten erstaunte: obwohl er selbst so viel am Hals hatte, interessierte er sich für meine Probleme und unterstützte er mich bei deren Bewältigung. Das hat mir sehr gut getan und in mir den Wunsch erzeugt, mit diesem Mann zusammen durchs Leben zu gehen.«

Irène mietete für Erich J. Lejeune in Biel ein kleines Appartement und richtete es geschmackvoll und behaglich ein. »Jetzt war endlich Schluss mit dem unpersönlichen Leben im Hotel«, so Erich J. Lejeune, »unsere Beziehung begann sich weiter zu intensivieren. Irène war und ist eine kluge und verständnisvolle Frau und eine großartige Zuhörerin. Sie nahm mir meine zwischendurch immer wieder aufkommenden Selbstzweifel und gab mir stets die Sicherheit, fest an mich zu glauben.«

Für Erich J. Lejeune stand fest, dass er nach dem Ablauf des Wettbewerbsverbots Anfang 1978 nach München zurückkehren würde, um die am 22. Februar 1976 mit den letzten 5000 Mark gegründete Consumer Electronic (»ce«) auszubauen, um die sich in der Zwischenzeit sein Partner, Herbert E. Graus, kümmerte. Zwar erwog er nach dem Kennenlernen Irènes kurzfristig die Firma nach Biel zu verlegen, doch Irène riet ihm davon ab, da sie Biel für viel zu provinziell hielt und die Weltstadt München für wesentlich geeigneter.

Ende 1977, nachdem er bei den Saphirwerken gekündigt hatte, kehrte Erich Lejeune nach München zurück. Irène folgte ihm bald danach, als ihre Scheidung unter Dach und Fach war. Ihre 8-jährige Tochter Florence blieb beim Vater in der Schweiz zurück. Irène Lejeune rückblickend: »Nach langen Kämpfen mit mir selbst musste ich einsehen, dass es das Beste für das Kind war, wenn es in seinem Umfeld, beim Vater, den Geschwistern, den Großeltern blieb. Hier in München, einem fremden Land, fern den vertrauten Menschen, wäre es sicherlich sehr einsam gewesen. Und ich hätte ohnehin den ganzen Tag arbeiten müssen, da ich ohne Vermögen war und mit meinen letzten 200 Franken nach München gekommen war.«

Irène Lejeune erinnert sich noch gut daran, wie ihr Mann und sein Partner, Herbert E. Graus, sie am Münchner Flughafen abgeholt haben. »Nach meiner Ankunft sind wir ins japanische Restaurant Daitokai in Schwabing gefahren und haben dort gegessen, obwohl wir es uns genau genommen gar nicht leisten konnten. Anschließend hat mich Erich in seine Wohnung gebracht, wo er mich willkommen hieß und mir den Wohnungsschlüssel in die Hand drückte. Ich betrat eine völlig leere Wohnung, denn seine Frau hatte beim Auszug alle Möbel mitgenommen.«

Rückblickend amüsieren sich Erich J. und Irène Lejeune, wenn sie sich an das damalige Getratsche der Nachbarn erinnern. »Die glaubten doch tatsächlich, ich hätte meine erste Frau und das Kind verstoßen, um mir eine ›reiche Schweizerin‹ zu angeln! Wenn die gewusst hätten, dass wir in der ersten Zeit auf dem Fußboden schliefen, weil wir nicht einmal ein Bett hatten«, so Erich J. Lejeune.

Für romantisches Händchenhalten blieb dem jungen Paar keine Zeit, vielmehr musste Geld verdient werden, um die Schulden abzutragen und den Lebensunterhalt bestreiten zu können. Erich J. Lejeune sah seine Chance auf dem neuartigen Mikrochip-Markt, der sich Ende der 70er-Jahre gerade zu entwickeln begann: erstmals wurden Grünlicht-LEDs in deutsche Autos eingebaut. Intuitiv ahnte, nein, wusste er, welche Bedeutung Mikrochips einmal in der Industrie haben würden. Seine Vision war es, in diesen neuen Markt von Anfang an mit einzusteigen und dort eine zentrale Rolle als Zwischenhändler bzw. Broker zu spielen. Zusammen mit seinem Partner Herbert E. Graus, der die Aufgabe des Einkäufers übernahm, sowie Irène, die sich um den kaufmännischen Bereich kümmerte, startete Erich J. Lejeune sein junges Unternehmen »ce« als Lieferant für aktive und passive Bauelemente.

1979 kam es in der Branche erstmals zu einem gravierenden Liefer- und Produktionsstillstand: Halbleiterbausteine wurden immer alltäglicher und damit knapper, denn der Mikrochip-Markt war auf diese Expansion nicht vorbereitet. Hatte beispielsweise bis dahin der Elektronikanteil an einem Auto höchstens aus einer Leuchtdiode und einem Armaturenbrett bestanden, so nahm dieser Anteil von Jahr zu Jahr kontinuierlich zu. (Heute macht der Elektronikanteil eines Autos ca. 40 Prozent aus!) Ebenso verhielt es sich in allen Fertigungsbereichen für elektronische Geräte.

Dieser Liefer- und Produktionsstillstand war für den Zwischenhändler »ce« die Chance, sich am Markt zu etablieren. Durch global vernetzten Einkauf gelang es Erich J. Lejeune, Produktionsausfälle der Firmen, die sich an ihn um Hilfe wandten, in Millionenhöhe zu verhindern. Bald erwarb sich ce den Ruf der »Feuerwehr der europäischen Industrie« und entwickelte sich zu einer Broker-Größe auf dem Mikrochip-Markt.

Als Chip-Broker brauchte Erich J. Lejeune kein eigenes Lager, das Geld bindet und bei Preisverfällen sogar Geld kostet. Sein Know-how steckte in seinem Kopf und in einer gepflegten Datenbank, wer wo welche Bestände hat. Als Chip-Broker war es für ihn elementar wichtig, Kontakte zu allen relevanten Leuten bei Halbleiterfabrikanten, deren Kunden und Distributoren zu haben, um die gelagerten Modelle zu erfassen sowie bei potenziellen Kunden in der Industrie bekannt zu sein.

Erich J. Lejeune, Herbert E. Graus und Irène Lejeune verfolgten ihr Ziel, sich eine neue Existenz aufzubauen, erfolgreich zu werden und aus den privaten Schulden rauszukommen, mit beharrlicher Konsequenz. Erich J. Lejeune: »Wir haben nicht nur mit Begeisterung gearbeitet, sondern auch mit Tugenden wie Pünktlichkeit, Disziplin, Engagement – Tugenden, die man heute so oft im Geschäftsleben vermisst.« Schon bald ging die »ce« in die Schiene »Internationalität«, eröffnete Büros in Japan (1979) und Amerika (1981), die die führenden Länder auf dem Mikrochip-Markt waren.

Während sich Erich J. Lejeune nun auch immer wieder in Japan oder Amerika aufhielt, wusste er die »ce« in München in den guten und zuverlässigen Händen seines Partners, Herbert E. Graus, und seiner Frau Irène. Anfang 1980 zog die expandierende »ce« vom 3-Zimmer-Büro in ein neues Ladenbüro in München-Schwabing mit 200 m^2 um.

Am 8. August 1980 heirateten Erich J. und Irène Lejeune. 1982 war Erich J. Lejeune seine Schulden los und auch die Eigentumswohnung war bis auf den letzten Pfennig abbezahlt. Erich J. Lejeune: »Dafür haben wir, Irène, Herbert und ich, allerdings auch bis an die Grenze unserer Leistungsfähigkeit gearbeitet. Jeder Arbeitstag hatte zwischen 12 und 14 Stunden und Irène und ich gönnten uns jährlich nur einen einwöchigen Urlaub in der Schweiz.«

Erich J. Lejeune spart nicht mit Lobesworten für seine Frau:

»Irène ist ein Tausendsassa. Sie hat nicht nur die Buchhaltung in dieser Zeit gemacht, sondern sie war auch die gute Seele am Telefon. Sie hat die Kunden gekannt und die Kundenkontakte gepflegt. Wir sind autodidaktisch gewachsen und haben uns in unseren unterschiedlichen Stärken unterstützt. Irène hat nicht nur mein Selbstbewusstsein enorm gestärkt, sondern mir auch sehr viel gegeben im Bereich Wahrheitsfindung. Sie war absolut gegen Unwahrheiten, wie ich sie aus meinen früheren Berufsjahren von meinen Chefs durchaus gekannt hatte.

1984 wurde zum bis dahin größten Erfolgsjahr für die »ce«. »Am Heiligen Abend saßen wir zu Hause und haben regelrecht gezittert, als wir den Kontostand auf unserem Bankkonto sahen und feststellten, dass wir Millionäre sind«, erinnern sich Erich J. und Irène Lejeune. »Wir diskutierten und resümierten lange darüber, was so besonders war an unserem Erfolg und wir kamen darin überein, dass es sehr stark mit den Faktoren Beziehungen und Kommunikation zusammenhing. Uns lag immer am Herzen, mit unseren Kunden eine ordentliche, gute Kommunikation zu haben – und das war auch in unserer Ehe nicht anders. Wir haben natürlich in all den Jahren auch harte Diskussionen ausgefochten oder Streit gehabt, aber wir haben immer Wert darauf gelegt, ordentlich miteinander zu kommunizieren.«

Erich J. und Irène Lejeune bezeichnen sich als Autodidakten, die mit den Aufgaben und den Anforderungen, die an sie gestellt wurden, gewachsen sind. Beide haben erfahren, dass alles möglich ist, wenn man nur will und der Selbstantrieb groß genug ist. Triebfeder für ihre Entwicklung war stets ihr gemeinsames Ziel, die »ce« zu einem florierenden Unternehmen zu machen und den Umsatz jedes Jahr um 25 Prozent zu steigern.

Die Aufgabenverteilung innerhalb der Firma war klar geregelt und jeder konnte sich auf den anderen verlassen. Im Team herrschte ein konstruktives Miteinander. Irène Lejeune: »Mein Mann hat mich in meinem Bereich immer machen lassen ohne mir dreinzureden. Ich habe nie von ihm gehört: ›Nein, das musst du so machen‹ oder: ›Mach das anders‹. Das empfand ich als sehr angenehm, denn ich wollte ja auch zeigen, dass ich gute Arbeit leisten kann. Und dass das so richtig war, hat schließlich unser Erfolg gezeigt.«

Erich J. Lejeune hat die Wandlung seiner Frau von der Hausfrau zur Managerin zwar mit beeinflusst, aber ohne die entsprechenden versteckten Qualitäten, das ist ihm bewusst, wäre dies nicht möglich gewesen. Er ist stolz auf seine Frau und spart nicht mit lobenden Worten: »Mit Irène musste ich nie über Zuverlässigkeit, Pünktlichkeit oder Durchsetzung reden, sie ist mit diesen Werten aufgewachsen und hat sie tagtäglich gelebt. Dazu kam ihre charmante Art, mit der sie ihre Aufgaben erledigte. Was sie in die Hand nahm, das gelang ihr auch in den meisten Fällen. Es kam sehr selten vor, dass sie sagte: ›Du, das hat nicht geklappt.‹« Und strahlend fügt er hinzu: »Sie war auch eine der ersten Frauen, die in Japan geschäftlich akzeptiert wurde, was sonst in Japan völlig unüblich ist!«

Irène Lejeune blieb trotz ihres Erfolges immer »nur« die Frau an der Seite von Erich J. Lejeune. »Wir haben uns nie gegenseitig Konkurrenz gemacht«, sagt sie mit dem ihr eigenen Schweizer Dialekt, den sie auch nach so vielen Jahren in Deutschland nicht verloren hat. »Ich bin auch nie eine Emanze gewesen, selbst nicht als ich Finanzvorstand war. Sonst ist es ja üblich, dass Finanzvorstände ständig in der Presse erscheinen. Ich aber habe mich zurückgehalten und das meinem Mann überlassen, denn er ist der bessere Kommentator von uns beiden. Wenn ich allerdings ehrgeizig gewesen wäre und mich hätte emanzipieren wollen, dann wäre das sicherlich sehr problematisch für unsere Beziehung geworden. Aber für mich war das nie ein Thema.«

Erich J. Lejeune fügt hinzu, dass genau das sehr intelligent und diplomatisch von seiner Frau war, denn anders wäre es sicherlich nicht gut gegangen zwischen ihnen. »Einen Erich J. Lejeune«, betont er kurz und knapp, aber bestimmt, »kann man nicht einfangen!«

Als Schweizerin hatte Irène Lejeune all die Jahre eine enge Beziehung zu ihrem Geburtsland, der dort lebenden Tochter und den Eltern, die sie immer wieder besuchte. Diese Schweiz-Verbundenheit führte dazu, dass sich die »ce« auch dort etablierte und gute Geschäfte mit der ansässigen Großindustrie machte. Erich J. Lejeune kommt ins Schwärmen, wenn er von der Schweiz spricht: »Für mich war die Schweiz eine sehr wichtige Station. Einmal habe ich dort ein Papierfetzel aus dem Auto geworfen. Da riss schon jemand seine Wagentüre auf und sagte: ›Das machen Sie hier bei uns in der

Schweiz nicht!‹ Die Schweizer haben ein starkes Umweltbewusstsein. Bei ihnen gilt der Handschlag noch etwas und auch all die Werte, die bei uns schon längst verloren gegangen sind. Dort bekommt einer einen Job, auch wenn er schon 50 ist, während das bei uns hier ganz anders ist. Aber wir können doch das Land nicht nur auf junge Menschen aufbauen!«, fügt er mit scharfer Stimme hinzu.

30 Prozent ihres Erfolges, so Erich J. und Irène Lejeune, beruht auf dem Umstand, dass sie Geschäfts- und Privatleben nicht strikt voneinander trennten, sondern auch noch zu Hause darüber sprachen. »Ja selbst wenn wir am Abend im Bett lagen, kam es vor, dass ich Irène fragte: ›Hast du dieses oder jenes gemacht?‹ Und umgekehrt. Wir haben dabei nie Stress gehabt«, so Erich J. Lejeune. Freilich konnte es schon mal vorkommen, dass es dann mal hieß: »Jetzt lass mich mit der Firma in Ruhe!«, und darauf hat dann der andere auch Rücksicht genommen.

Eine gute Ehe, darin sind sich Erich J. und Irène Lejeune einig, basiert auch darauf, dass man dem anderen genügend Freiraum gibt. »Manchmal«, so Erich J. Lejeune, »hatte ich das Bedürfnis, mal so richtig einen draufzumachen. Dann fuhr meine Frau am Wochenende in unser Haus an den Tegernsee und ich blieb in München und traf mich mit Freunden. Sie hat mir nie Vorwürfe gemacht oder mich eingeengt, sondern mich machen lassen. Das war sehr klug von ihr. Ich finde es tödlich, wenn Frauen ihre Männer einengen und mit Misstrauen reagieren. Das hat es bei uns nicht gegeben, denn Irène wusste, dass ich immer wieder zu ihr zurückkomme. Und genauso habe ich ihr auch Freiraum gegeben, wenn sie es mal brauchte.« Erich J. Lejeune vergleicht ihre 22-jährige Ehe mit einem Kaffeefilter: »Der Filter war bei uns immer in Ordnung.«

Als das Größte in ihrer gemeinsamen Geschichte bezeichnen Erich J. und Irène Lejeune den Börsengang der »ce« im Jahr 1998, den Irène Lejeune ganz alleine durchführte. In der neuen ce AG wurde sie Finanzvorstand – und damit eine der wenigen in Deutschland, die eine derartige Position bekleidete. Mit dem Gang an die Börse schuf die »ce« das Kapital für die Erweiterung seiner strategischen Ausrichtung. Der Ausbau im europäischen Ausland sowie die globale Ausdehnung konnten so vorangetrieben werden.

Der enorme Aufschwung, den die »ce« AG in der Folgezeit erlebte, ließ im Vorstand den Entschluss reifen, einen Nachfolger für Irène Lejeune zu finden, damit sie sich auch anderen Aufgaben zuwenden konnte. Zum Ende des Jahres 2001 war es dann so weit: Ein Nachfolger wurde gefunden. Irène Lejeune, die zuletzt maßgeblich am erfolgreichen Abschluss der Akquisition der US-amerikanischen SND Electronics Inc. beigetragen hatte, schied aus dem Vorstand aus.

Sie nimmt nun, neben ihrer Tätigkeit für die »ce«, auch kulturelle Aufgaben wahr, die sich aus der zusätzlichen Tätigkeit Erich J. Lejeunes als Honorarkonsul von Irland ergeben. Sie ist in den Ladys Club des Konsulatorischen Corps eingetreten und wurde vor kurzem in dessen Vorstand berufen. Irène Lejeune: »Ich bin der »ce« weiterhin eng verbunden, aber ich muss nicht mehr jeden Tag von morgens bis abends präsent sein. Dies bedeutete für mich anfangs eine enorme Umstellung. Nun aber beginne ich mein neues Leben zu genießen, führt es mich doch mit einem Bereich zusammen, der mir schon immer sehr viel Freude bereitete.«

Erich J. und Irène Lejeune haben in ihrem Leben viel Glück gehabt, das Glück des Tüchtigen. Sie haben alles gegeben und sie haben viel erhalten. Alles kam zur richtigen Zeit – das Traurige, das Schöne, das Überleben –, ein Mosaiksteinchen reihte sich an das andere und formte ihr Leben zu einem ausdrucksvollen Kunstwerk. »Jetzt ist die Zeit gekommen, mehr an Lebensqualität zu denken«, meint Irène Lejeune. »Ich war ja all die Jahre nie unter der Woche zu Hause. Ich weiß gar nicht, wie das ist. Nun darf ich auch das erleben. Und ich freue mich darauf, einmal unser neues Haus im Herzogpark so richtig genießen zu können, Frauen aus dem Konsulatorischen Corps zum Tee einladen zu dürfen und nicht von Geschäftstermin zu Geschäftstermin hetzen zu müssen.«

Erich J. und Irène Lejeune sind heute Weltunternehmer und stehen zu ihrem Erfolg und ihrem Reichtum. Das war nicht immer einfach für sie, denn so manche neideten ihnen den Erfolg. »Es ist aber wichtig«, so Erich J. Lejeune, »dass man irgendwann zu Geld steht. Jeder Mensch will doch Millionär werden. Niemand möchte gern arm sein. Und wenn man es dann geschafft hat, dann muss man auch lernen mit dem Reichtum umzugehen und dabei nicht seinen Charakter zu wechseln. Meine Frau hat sich lange dagegen gewehrt, sich für ihre Verdienste einen Porsche zu kaufen. Aber eines Tages habe ich ihr dann einen als Dank für ihren großen Einsatz zum Geburtstag geschenkt. Jetzt fährt sie gerne damit und empfindet es trotzdem nicht als selbstverständlich. Im Übrigen haben wir unsere Lebensweise nicht wegen des Erfolges grundsätzlich auf den Kopf gestellt. Wir haben eben nicht Wiener Würstel gegen Kaviar ausgetauscht. Und wir haben uns auch nicht den Kreisen angeschlossen, die man allgemein als ›Schickimicki-Gesellschaft‹ bezeichnet. Natürlich hat sich unser Leben verändert, aber wir haben schon darauf geachtet, dass es sich in den Bahnen bewegt, die wir uns vorstellen.« Unser Leben geht weiter – Geist, Körper, Seele lebt.

Was wirkt sich nach Ansicht von Erich und Irène Lejeune negativ auf eine Ehe aus? »Wenn man ein gemeinsames Ziel anstrebt und erfolgreich wird, sich dann aber keine neuen Ziele setzt«, lautet ihre Antwort. »Denn dann tritt Stillstand ein – auch in der Beziehung. Oft versucht man dann diesen Stillstand mit Konsum oder Highlife zu überdecken, aber dabei kann es leicht passieren, dass man als Paar auseinander driftet. Dann kommt es meistens zur Trennung – dafür gibt es genügend Beispiele in unserer Gesellschaft.«

Auch wenn sie ein eingespieltes Team sind, welche Rolle spielt die Liebe in ihrem Leben?

»Ohne Liebe geht es nicht. Liebe ist einer der Krafttanks«, antwortet Erich J. Lejeune nach kurzem Nachdenken und Irène Lejeune meint: »Am Anfang war es das große Verliebtsein zwischen uns wie bei allen, aber die Liebe, die wir heute füreinander empfinden, ist anders als früher. Sie ist getragen von gegenseitigem Respekt. Es ist eine tiefere Liebe als bei so vielen Menschen, die Händchenhaltend durch die Gegend laufen. Es ist nicht so, dass wir uns jeden Tag sagen: ›Ich liebe dich!‹, aber es gibt immer ein Zeichen von Aufmerksamkeit, zum Beispiel ein Plüschtier oder einen Brief, den ich ihm mit in den Koffer packe, wenn er auf Reisen geht.«

Erich J. Lejeune schmunzelt: »Ich freue mich immer sehr über Irènes Aufmerksamkeiten. Das ist für mich ein Zeichen, dass sie an mich denkt, dass sie mich liebt, und das ist etwas Schönes.« Und nach einem kurzen Moment fügt er hinzu: »Unsere Ehe hat auch irgendwie mit Gott zu tun. Ich persönlich glaube sehr an Gott. Mir tut es gut, einfach mal in die Kirche zu gehen. Man versucht auch ein guter Mensch zu werden. Wenn man so schaut, die ganzen 27 Jahre, da war man zum Teil auch manchmal mit Rasierklingen in den Ellbogen unterwegs. Das macht einen ganz schön hart und wirkt sich natürlich auch zu Hause aus.«

Beide haben erfahren, dass sich ein so hartes und erfolgsorientiertes Leben auch manchmal belastend auf die Lebensfreude auswirkt, insbesondere wegen des enormen Drucks, dem man ausgesetzt ist. »Zusammen aber haben wir es immer wieder geschafft, uns da rauszuholen«, meint Erich J. Lejeune. »Wir wollen jetzt anfangen wieder mehr zu leben. Wir haben uns vor kurzem ein Haus an der Cote d'Azur gekauft, ein traumhaftes Anwesen am Meer, das wollen wir in Zukunft auch verstärkt genießen.«

Ob das wirklich so gelingt, darüber sind sich beide noch nicht ganz einig. Erich J. Lejeune hat noch viele Pläne mit der Consumer Electronic. So will er bis spätestens 2004 die Weltmarktführerschaft unter den Chip-Brokern übernehmen. Im vergangenen Jahr stand die »ce« weltweit auf Rang drei. Die »ce« ist sein Leben, so Erich J. Lejeune, ein Aufhören kommt für ihn vorerst nicht in Frage, wenngleich er schon einen Nachfolger eingestellt hat und plant, vom Vorstand in den Aufsichtsrat zu wechseln. Erfolg ist für ihn eine Sache, die man immer wieder verlieren kann, wenn man nicht daran arbeitet. Erfolg kann auch ein bisschen lähmen, meint er, daher muss man darauf achten, dass die Visionen nicht zu Ende gehen, doch daran mangelt es ihm sicherlich nicht.

Erich J. und Irène Lejeune sehen sich als glückliches Paar, das sein Leben gemeistert hat – geschäftlich und privat. Sie haben bei null angefangen und sich gemeinsam nach oben gearbeitet. Seit vielen Jahren stehen sie jeden Morgen um 5 Uhr auf. Daran hat sich auch nichts geändert, seit sie erfolgreich sind. Ihr Arbeitstag beginnt stets um 7 Uhr. Oft macht Erich J. Lejeune für seine Mitarbeiter am Morgen ein Motivationstraining, damit diese motiviert in den Geschäftsalltag gehen. »Das merken Sie, wenn Sie bei uns ins Geschäft reinkommen«, sagt er mit lebhafter Miene, »denn unserer Leute sind frei, positiv und engagiert.« Und in der Tat, kann ich ihm da nur beipflichten, denn unser Empfang in der »ce« in der Denninger Straße 15 war getragen von einer Atmosphäre der freundlichen und zuvorkommenden Aufmerksamkeit.

Irène Lejeune hat ihren Mann all die Jahre gestärkt, ihm Mut zugesprochen, ihn unterstützt, ihn mit den Worten motiviert: »Erich, du schaffst es.« Die Kraft dieser Worte, der Glaube seiner Frau an ihn haben Erich J. Lejeune ungemein angespornt und waren Kraftspender und Triebfeder in so manch kritischen Situationen.

So war es auch beim ersten Marathon, den der begeisterte Läufer Erich J. Lejeune vor drei Jahren in New York lief. Etwa drei Meilen vor dem Ziel war er an seinem Tiefpunkt und nahe daran, aufzugeben. Aber als er Irène am Straßenrand rufen hörte: »Erich, du schaffst es!«, nahm er alle seine Kräfte zusammen und lief weiter. »Ich wäre auch durchs Ziel gekrochen«, fügt er schmunzelnd hinzu. »Lob ist etwas Elementares. Im Lob ist man unbegrenzt belastbar und daher loben wir uns gegenseitig immer wieder.«

Erich J. und Irène Lejeune sind miteinander gewachsen und erfolgreich geworden. Sie fühlen sich gleichwertig, haben denselben Wissensstand, dieselben Interessen, das verbindet und festigt ihre Beziehung. Irène Lejeune sieht viele Vorteile in einer gleichwertigen Partnerschaft – und die Gefahren, wenn dem nicht so ist: »Es gibt viele Ehen, in denen die Frau zu Hause ist wegen der Kinder und nur der Mann Karriere macht und der große Macher ist. Die Frau aber hat zu Hause zumeist gar nicht die Möglichkeit, mit ihm mitzuwachsen. Am Abend, wenn er dann nach Hause kommt, kann er sich nicht mit ihr austauschen, weil sie nicht denselben Wissensstand hat wie er. Da driften, glaube ich, viele Ehen auseinander. Anders sieht es dagegen aus, wenn die Frau eigene Interessen hat und sich selbst weiterbildet. Wenn sie das aber nicht hat und macht, dann kommt oft die Erkenntnis: Ich bin ja nur die Hausfrau, und sie fühlt sich minderwertig.« Irène Lejeune hat in ihrer ersten Ehe ähnliche Erfahrungen gemacht und daraus die Konsequenzen für ihre zweite Ehe gezogen.

Eine Partnerschaft, darin sind sich Erich J. und Irène Lejeune einig, erfordert viel Fingerspitzengefühl von den Partnern. Man muss wissen, wann man sich zurücknehmen muss, was für den anderen wie ein rotes Tuch wirkt, wann man die Leine locker lassen muss und wann man auf den anderen zugehen muss. »In einer Ehe gibt es immer wieder Defizite, die man dezimieren muss. Sonst kommt irgendwann heraus: wir passen nicht zusammen. Wir haben das, so glauben wir, im Großen und Ganzen großartig umschifft. Wenn irgendwo ein Stein war, so haben wir darüber geredet und den Stein aus dem Weg geräumt.«

Ihr Rezept für eine glückliche Ehe: Gemeinsame Ziele, gemeinsame Interessen, gemeinsam wachsen und sich des Lebens freuen, dankbar sein für jeden schönen und gelungenen Tag, einander immer wieder Freude bereiten und ein Zeichen geben, dass man den anderen liebt. Und natürlich sollte auch eine Prise Humor nicht fehlen, denn gemeinsames Lachen tut der Seele gut. Sollte es zu Meinungsverschiedenheiten und Streit kommen, so empfehlen Erich J. und Irène Lejeune das gemeinsame Gespräch, in dem es durchaus hart zur Sache gehen darf, aber Wert darauf gelegt werden sollte, dass eine ordentliche Kommunikation stattfindet. Fazit: Zu einem glücklichen Lebenswerk gehört auch eine glückliche Partnerschaft.

(Dieses Porträt entstand auf der Grundlage eines gemeinsamen Gesprächs mit Erich J. und Irène Lejeune. Die Autorinnen danken ihnen für das aufschlussreiche und anregende Gespräch.)

Rezept für eine glückliche Ehe

Doraja Eberle: »Bei meinem Mann und mir gibt es keinen Mangel an Vertrauen. Man darf nicht klammern. Dennoch ist Nähe etwas Wichtiges. Für mich ist Umarmen, Vertrauen, Geborgenheit und Wohlfühlen sehr wichtig, denn daraus beziehe ich meine Kraft für mein karitatives Engagement.«

Doraja und Alexander Eberle, »Bauern helfen Bauern«
– Salzburg
(seit 1980 verheiratet)

Prof. Dr. Michael-K. & Heidrun Müller

Prof. Dr. Michael-K. Müller holte uns vom Bahnhof Osnabrück ab und führte uns durch die Altstadt zum nahe gelegenen Marienhospital, in dem er seit Ende 1993 als Chefarzt für Innere Medizin und Gastroenterologie tätig ist. Der kurze Fußmarsch bei strahlendem Sonnenschein und milden Temperaturen tat uns nach der langen Zugfahrt gut und gab uns zudem einen Eindruck über das samstägliche Geschehen in der niedersächsischen 150 000-Einwohner-Stadt.

Das im Jahr 1859 gegründete Marienhospital präsentierte sich uns als eine bunte Mixtur aus verschiedenen, kleineren und größeren, alten und modernen Gebäudekomplexen, die zusammen ein beeindruckendes Klinikviertel im Herzen der Altstadt von Osnabrück bilden. Das 600-Betten-Krankenhaus zählt zu den Top-Kliniken Deutschlands und nimmt laut einer Veröffentlichung in der Zeitschrift »Focus« aus dem Jahre 1994 Platz 11 in der Rangliste ein. Das Marienhospital fungiert zudem als Lehrkrankenhaus für die Ausbildung von Medizinstudenten der Medizinischen Hochschule Hannover. Träger des Krankenhauses ist der Bischöfliche Stuhl zu Osnabrück unter dem derzeitigen Bischof Dr. Franz-Josef Bode.

Ehe wir unser Gespräch in den Praxisräumen von Prof. Dr. Müller führten, begaben wir uns zum Hotel Steigenberger, wo wir nicht nur Frau Müller trafen, sondern auch gemeinsam das Mittagessen einnahmen und uns warm redeten. Heidrun Müller zeigte uns eine hübsche Tasche aus dunkelrotem Filz, die sie soeben für ihre 7-jährige Tochter Lea erstanden hatte. Wir bewunderten die dekorativen Stickereien. Heidrun Müller verriet uns nicht ohne Stolz, dass sie die Tasche um den halben Preis erstanden hat. Auffallend an ihr war ihr bescheidenes und stilles Wesen, das sich in Aussehen, Gestik und Stimme ausdrückte.

Während des Mittagessens erzählte uns Prof. Dr. Müller, der bis dahin einen eher zurückhaltenden Eindruck gemacht hatte, mit heiteren Worten von seinen Erlebnissen mit dem Männer-Koch-Club Osnabrück »les toques qui rient«, dem er seit einigen Jahren angehört. Er ging auf einige der Rezepte ein, die beim letzten Treffen ausprobiert wurden und die allen sehr gemundet haben. Das Feinschmecker-Essen wurde abgerundet durch erlesene Weine, was zur

Folge hatte, dass die Herren der Schöpfung anschließend ein wenig Probleme damit hatten, den Weg nach Hause zu finden. In die amüsante Erzählung mischte sich die kritische Sicht des Arztes, der darauf hinwies, dass viele der Gourmet-Rezepte durch die reichhaltige Sahne- bzw. Crème-fraîche-Verwendung zu fett und damit schädlich für den Organismus seien. »Ich suche immer noch nach einer Feinschmeckerküche, in der man ohne diese fettreichen Zutaten auskommt und die trotzdem gut schmeckt«, fügte er hinzu und betonte gleichzeitig, dass er bis jetzt noch nicht fündig geworden sei.

Auf unsere Frage, was denn die Frauen der Männer des Koch-Clubs machen, die von der Teilnahme dieser Treffen ausgeschlossen sind, berichtete Heidrun Müller mit gelassener Miene, dass sie den freien Abend für sich nutze. Manchmal trifft sie sich auch mit den anderen Frauen der Kochkünstler und unternimmt etwas gemeinsam mit ihnen. So hat jeder der Partner seinen Freiraum und seinen geselligen Kreis, was wiederum als Gesprächsstoff in der Beziehung dient.

Nach unserem gemeinsamen Mittagessen im Hotel Steigenberger ging es zurück ins Marienhospital, wo wir es uns im hellen und sonnigen Arbeitszimmer von Prof. Dr. Michael Müller gemütlich machten. Da die privaten Praxisräume am Samstagnachmittag wie ausgestorben waren, bereiteten wir uns unseren Kaffee in der Teeküche selbst zu. Zu unserem Erstaunen gab es Dallmayr-Kaffee, eine bayerische Spezialität aus dem Delikatessenhaus Dallmayr in München – ein Hinweis darauf, dass der gebürtige Bayer Prof. Michael Müller auf seine tägliche Ration »Bayerngeschmack« Wert legt.

Prof. Michael-K. Müller wurde am 5. März 1951 in Regen im Bayerischen Wald als erstes von drei Kindern geboren. Seine Eltern hatten ein Lebensmittelgeschäft, den ersten Supermarkt in Regen. Da beide Eltern arbeiteten und es in Regen kein Gymnasium gab, kamen die Kinder ins Internat nach Deggendorf und Passau, wo sie später das Abitur machten. Im Anschluss daran trieb es Michael Müller hinaus in die weite Welt: er ging für mehrere Monate nach Indien, wo er mit dem Rucksack durch das Land fuhr. Noch heute fühlt er eine starke Verbundenheit mit Indien und träumt davon, irgendwann wieder einmal dorthin zu fahren. Zu seinem Bedauern steht jedoch seine Frau seiner Indienleidenschaft eher reserviert gegenüber.

Im Anschluss an seine Indienreise nahm Michael Müller das Medizin-Studium in Göttingen auf. Dort lernte er Mitte der 70er-Jahre seine Frau Heidrun, geboren am 1. Mai 1955, in einer Studentenkneipe kennen. Heidrun Müller: »Als ich Michael kennen lernte, stand ich kurz vor dem Abitur. Ich rauchte damals noch und fand es sehr erstaunlich, dass er mir Feuer anbot. So etwas war zu der Zeit eher ungewöhnlich.« Auf die Frage, was ihr auf Anhieb an ihm gefallen hat, antwortete sie lächelnd: »Sein Bart! Und auch, dass er so weit herumgekommen war und viel erlebt hatte. Ich fand ihn sehr interessant.«

Und was sprach ihn an ihr besonders an? Prof. Michael Müller warf seiner Frau ein vertrautes Lächeln zu und meinte dann: »Mir gefiel ihre natürliche Art – und auch ihre langen, dunklen, lockigen Haare.« Nach kurzer Pause fügte er schmunzelnd hinzu: »Leider hat sie ihre Locken später verloren, während ich meinen Bart bis heute behalten habe.« Die Erinnerung an die Zeit des Kennenlernens ist bei beiden so lebendig, als wäre es erst gestern gewesen.

Nachdem Heidrun Müller das Abitur abgelegt hatte, entschloss sie sich Pädagogik zu studieren, um Lehrerin zu werden. In dieser Zeit reifte auch der Entschluss der beiden jungen Menschen, zusammenzuziehen. Doch es gab ein Problem: Wie bringt eine Preußin ihren Eltern bei, dass ihr zukünftiger Mann Bayer ist, und wie bringt ein Bayer seinen Eltern bei, dass seine zukünftige Frau eine Preußin ist? Bisher hatten beide ihren Eltern ihren Zukünftigen bzw. ihre Zukünftige schlichtweg vorenthalten. Nun aber hieß es Farbe bekennen. Die Eltern reagierten verständnisvoller, als die jungen Menschen es erwartet hatten. »Es gab jedoch ein sprachliches Problem«, so Prof. Michael Müller, »denn meine Eltern sprachen niederbayerisch und das verstand Heidrun nur schwer.«

Ernsthafte Probleme waren es dennoch nicht, fügte Heidrun Müller hinzu: »Ich fand das Ganze eher lustig. Als mich mein zukünftiger Schwiegervater einmal jemandem vorstellte, sagte er: ›Jetzt stell i eich die Preißin vor.‹« Sie erlebte es gelegentlich, dass sich ihr Gegenüber dann bemühte, möglichst hochdeutsch zu sprechen. Ablehnung jedoch, wie sie es anfangs befürchtet hatte, erlebte sie von ihren neuen bayerischen Verwandten nie.

Die Studienjahre verbrachten Prof. Michael und Heidrun Müller in Göttingen, wo sie in einer kleinen Wohnung ohne Trauschein lebten. Bald stieß auch der jüngere Bruder von Michael zu ihnen, der das Gymnasium beendet und ein Studium der tropischen Landwirtschaft in Göttingen begonnen hatte und eine Zeit lang bei ihnen lebte.

Eine spannende Zeit bahnte sich an, als Michael Müller nach seinem Staatsexamen ein zweijähriges Auslandsstipendium für Vancouver in Kanada angeboten bekam. Heidrun hatte zu jener Zeit gerade ihr erstes Staatsexamen abgelegt und wartete auf ihre Referendar-Stelle, die jedoch auf Grund der damaligen Junglehrer-Schwemme auf sich warten ließ. Beide entschlossen sich das Vancouver-Angebot anzunehmen. »Das war natürlich auch der Zeitpunkt, unsere Beziehung zu legalisieren«, so Prof. Michael Müller. »Und so heirateten wir am 28. oder 29. April 1979.«

Auf unseren fragenden Blick hinsichtlich der Unstimmigkeit des Heiratsdatums meinte Heidrun Müller: »Wir heirateten kurz vor meinem Geburtstag am 1. Mai. Wir wissen nie, ob es der 28. oder 29. April ist. Auch deswegen, weil wir unseren Hochzeitstag noch nie gefeiert haben.« Unsere Frage warum beantwortet sie mit den Ausführungen: »Weil uns das nicht wichtig ist. Einmal rief meine Mutter an und gratulierte uns zum Hochzeitstag. Wenn sie nicht angerufen hätte, wäre es uns gar nicht bewusst geworden.«

Den Aufenthalt in Vancouver nutzte das junge Paar für eine ausgiebige Hochzeitsreise quer durch Kanada und Amerika. Beide gerieten ins Schwärmen, als sie von ihrer Kanada-Zeit erzählten. »Das war eine besonders schöne und wichtige Zeit in unserem Leben!« Heidrun Müller: »Wir waren frei und konnten tun und lassen, was wir wollten, und haben interessante Menschen kennen gelernt. Ich habe zwar Kurse an der Uni in Vancouver besucht, aber im Übrigen war ich völlig frei und hatte viel Zeit, das zu tun, was mir Spaß machte.«

Zu ihrem Leidwesen musste sie nach einem Jahr Vancouver-Aufenthalt nach Deutschland zurück, da sie eine Referendar-Stelle als Lehrerin an einer Grundschule in Ostfriesland angeboten bekam. Ein Angebot hatte sie bereits abgelehnt, doch dieses zweite musste sie annehmen. Schweren Herzens trennten sich die jungen Eheleute:

Michael blieb in Vancouver, Heidrun ging nach Emden. »Gott sei Dank lebte ich bei guten Freunden in Emden, sodass ich nicht ganz allein war. Sonst wäre mir die Zeit ohne Michael schon sehr schwer geworden«, so Heidrun Müller.

Das junge Paar sah sich nur in den Schulferien, wenn Michael nach Deutschland flog oder Heidrun nach Vancouver, wo das junge Ehepaar weitere Reisen unternahm. Eine der Reisen führte sie nach Guatemala und in die Karibik – es war eine Reise mit Hindernissen. Prof. Michael Müller mit schmunzelnder Miene: »Ich hatte schon alles arrangiert. Kurz bevor wir abflogen, passierte mir allerdings ein Malheur. Ich spielte damals Fußball bei den Physiologen der Universität und wir hatten noch ein Spiel gegen die Fireworkers kurz vor der Reise zu absolvieren. Bei diesem Match brach ich mir dummerweise den linken Arm, was zur Folge hatte, dass ich mit Gips in die Karibik fuhr.«

Heidrun Müller schloss sich der Erzählung ihres Mannes mit heiterer Miene an: »Das war natürlich schlimm, bei den tropischen Temperaturen und dem traumhaften Meer. Während alle ins Wasser gingen, saß Michael am Strand und musste zusehen. Und überhaupt, der Gips bei der Hitze ... der Arme!«

Nach Kanada reisen würden Prof. Michael und Heidrun Müller jederzeit wieder gerne, auch für längere Zeit. Vor einigen Jahren waren sie mit ihren Kindern dort und haben ihnen die Plätze gezeigt, wo sie gelebt und studiert und ihre Freizeit verbracht haben. Prof. Michael und Heidrun Müller könnten es sich gut vorstellen, ihre Silberne-Hochzeits-Reise in zwei Jahren nach Kanada zu machen, um an die schönen Zeiten von damals anzuknüpfen.

Nach Vancouver bzw. Ostfriesland wurde Essen die nächste Station im Leben des Ehepaars Müller. Prof. Michael Müller: »Als ich zurückkam, wollte ich Facharzt für Innere Medizin und Gastroenterologie werden. Ich habe mich dann dort beworben, wo ich auch wissenschaftliche Möglichkeiten gesehen habe und wo ich das weitermachen konnte, was ich in Kanada gelernt habe. So ging ich zu Professor Goebell nach Essen, wo ich acht Jahre lang tätig war, d. h. meinen Facharzt machte und mich habilitierte für das Fach Innere Medizin.«

Heidrun Müller bezeichnete die erste Zeit in Essen als hart. »Ich fühlte mich vollkommen fremd in dieser Stadt. Dazu kam, dass ich zuerst wieder arbeitslos war und keine Aufgabe hatte. Mein Mann war sehr beschäftigt, sowohl in der Klinik als auch im Labor, und hatte nur wenig Zeit für mich. Ich beneidete damals jeden, der Arbeit hatte. Obwohl ich eigentlich nicht der forsche Typ bin, ging ich eines Tages dann doch ins Schulamt und sagte, dass ich unbedingt eine Stelle bräuchte. Ich kam daraufhin auf eine Liste und wurde das, was man als ›Schul-Feuerwehr‹ bezeichnet, d. h., ich übernahm Mutterschafts- oder Krankheitsvertretungen bei verschiedenen Grundschulen. Diese Tätigkeit machte ich so lange, bis unser Sohn Jan 1983 geboren wurde. Danach habe ich zunächst meine Arbeit unterbrochen. Als Jan dann drei Jahre alt war, habe ich wieder angefangen zu unterrichten.«

War es für sie von Anfang an klar, dass sie trotz Kind weiterarbeiten würde? »Ja«, antwortete Heidrun Müller mit sicherer Stimme, »das war für mich immer klar. Ich fand meine Arbeit sehr interessant und sie füllte mich aus. Das wurde von meinem Mann auch immer unterstützt. Er kannte es ohnehin nicht anders von seiner Mutter, die früher auch den ganzen Tag im Geschäft war.« Sohn Jan und später auch Tochter Linn wurden fortan von einem Au-pair-Mädchen betreut.

Auf unsere Frage, ob die Betreuung durch Au-pair-Mädchen nicht problematisch war, klärte uns Prof. Michael Müller mit trockener Miene und verstecktem Humor auf, dass sie zwischenzeitlich Au-pair-Mädchen aus fast der ganzen Welt hatten, unter anderem aus Frankreich, Südamerika und Amerika, dass sich das Schwergewicht jedoch in den letzten Jahren auf den Osten verlagert hat, Russland, Tschechien, Ungarn usw. Im Großen und Ganzen aber, so betonen Prof. Michael und Heidrun Müller, haben sie gute Erfahrungen mit Au-pair-Mädchen gemacht.

In die Zeit in Essen fiel auch die Geburt der Tochter Linn. Sie kam 1986 auf die Welt. Auf unsere Frage, wie sie auf die doch recht ausgefallenen Namen der Kinder kamen, antwortete Heidrun Müller: »Wir wollten immer kurze Namen. Linn gefiel mir gut, weil ich skandinavische Namen liebe, und Jan wählten wir, weil wir unseren Sohn eigentlich gerne Malte genannt hätten ...« Prof. Michael Müller führte weiter aus: »Als ich meinen Eltern sagte, dass wir einen Buben bekommen haben, fragten sie mich: ›Und wia soll der Bua hoaßn?‹ Als ich sagte: ›Malte‹, schüttelten sie nur verständnislos den Kopf und meinten, das sei doch kein Name, sondern allenfalls ein Tee. Also haben wir uns für Jan entschieden, aber auch damit hatten meine bayerischen Verwandten zunächst Probleme. Sie nannten ihn immer Jahn, wie den Turnvater Jahn.« Seine humorvolle Schilderung brachte uns zum Lachen.

Nachdem Michael Müller habilitiert war, bot sich ihm die Gelegenheit, nach Mannheim zu gehen, wo ein Freund einen Lehrstuhl für Gastroenterologie bekommen hatte. Er nahm das Angebot an, da es für ihn ein wichtiges Sprungbrett für seine weitere Karriere war. Einem erneuten Umzug stelle sich Heidrun Müller allerdings entgegen, schon allein der Kinder wegen, die sich in Essen-Oberhausen sehr wohl fühlten. So führte das Paar drei Jahre lang eine Wochenendehe. »Ich fuhr jeden Sonntagabend nach Mannheim und jeden Freitagabend nach Essen«, berichtete Prof. Michael Müller. »So konnte ich zwar unter der Woche sehr viel arbeiten, aber wenn ich am Freitagabend nach Hause kam, war ich für die Familie da. Das war aber für mich insgesamt keine so schöne Zeit. Ich kannte in Mannheim jedes Restaurant und probierte mit der Zeit alles durch, was es gab, schließlich verlagerte ich mich auf die Feinschmeckerlokale. Vielleicht resultiert daraus mein Faible für die gehobene Küche.«

Auf die Frage, welche Vor- und Nachteile mit einer Wochenendehe verbunden sind und welche Erfahrungen sie daraus gewonnen hat, führte Heidrun Müller aus: »Man streitet weniger, denn der normale Alltagsstreit fällt ja weg. Am Wochenende ist man nur kurze Zeit zusammen und da versucht man, es sich besonders schön zu machen und die gemeinsame Zeit zu genießen. Ein Nachteil kann es sein, dass man als Frau viel allein entscheiden muss. Wir hatten beispielsweise in späterer Zeit Probleme mit unserer Wohnung und unserem Vermieter, der sein Haus gerne verkauft und umgebaut hätte und uns hinausgraulen wollte. Als wir nicht auszogen, hat er uns richtig schikaniert, die Bäume im Garten abgeholzt, unsere Terrasse einfach weggerissen usw. Da stand ich als Frau oft ganz schön allein und hilflos da, denn vor einer Frau haben viele nicht den Respekt wie vor einem Mann. Dieser ständige

Ärger hat sich dann natürlich auch ziemlich belastend auf unsere Ehe und das Familienleben ausgewirkt, denn wenn mein Mann am Wochenende nach Hause kam, drehte sich alles um das Wohnungsproblem.«

Als wenig erfreulich an einer Wochenendehe bezeichnete Heidrun Müller auch die Abwesenheit des Vaters bei schulischen Veranstaltungen der Kinder. Prof. Michael nutzte die kurze Pause um einzuwerfen: »Dafür aber haben meine Kinder am Wochenende mehr von mir gehabt, als das oft bei anderen viel beschäftigten Vätern der Fall ist. Wenn am Freitagabend meine Arbeit zu Ende war, dann widmete ich mich immer meiner Familie und meinen Kindern, abgesehen von den Doktoranden, die ich auch am Wochenende betreute und die manchmal auch hier bei uns waren.« Sein Fazit über die drei Jahre in Mannheim: »Ich halte eine Wochenendehe zwar für keine Dauerlösung, aber für eine gewisse Zeit ist das sicherlich nicht verkehrt, wenn es die berufliche Situation erfordert.«

Ein Umzug ließ sich allerdings nicht vermeiden, als Prof. Michael Müller im Dezember 1993 die Stelle als Chefarzt für Allgemeine Innere Medizin und Gastroenterologie am Marienhospital in Osnabrück übernahm. Neben Osnabrück standen Berlin und München zur Debatte. »Ich wäre auch sehr gerne nach Berlin gegangen«, so Prof. Michael Müller, »einerseits, weil mein jüngster Bruder dort lebt, und andererseits, weil ich Berlin schon immer gerne mochte, aber dort hätte meine Arbeit sehr viel mit Politik zu tun gehabt und das war nicht in meinem Sinne. Auch München hätte mich gereizt, aber an dem Krankenhaus, das zur Debatte stand, waren die Zukunftsperspektiven nicht klar ersichtlich.«

Letztendlich fiel die Entscheidung zu Gunsten Osnabrücks, da für das Marienhospital Zukunftspläne für die nächsten Jahrzehnte vorlagen und sich diese Pläne mit den Vorstellungen von Prof. Michael Müller deckten. »Und obwohl das Marienhospital ein katholisches Haus ist, gab es hier keine Probleme mit der Konfession meiner Frau, die evangelisch ist«, fügte Prof. Müller hinzu. Er hat seine Entscheidung, die eine gemeinsame war, bis heute nicht bereut, sondern fühlt sich am Marienhospital sehr wohl. »Wir haben eine gute Klinikleitung, die Stimmung im Chefarztteam ist hervorragend und auch das Klinikpersonal ist hochmotiviert und engagiert.«

Georgsmarienhütte in der Nähe von Osnabrück wurde der neue Lebensmittelpunkt der Familie. Heidrun Müller fühlte sich anfangs ziemlich fremd in der neuen Umgebung und es dauerte einige Zeit, bis sie sich akklimatisierte. Dies änderte sich, als ihr Versetzungsantrag durch war und sie eine Stelle als Lehrerin an der Grundschule in Bissendorf, einem Ort in der Nähe von Osnabrück, bekam. Durch ihre Arbeit, die Begegnung mit Schülern und deren Eltern gewöhnte sie sich mit der Zeit im neuen Lebensumfeld ein. Bereits im Jahr darauf vergrößerte sich die Familie um ein neues Mitglied: Tochter Lea kam auf die Welt. Nach einer kurzen Babypause übte Heidrun Müller ihren Beruf als Lehrerin weiter aus. Eine umsichtige Kinderfrau aus der Umgebung kümmerte sich anfangs um die Kinder, insbesondere um das Nesthäkchen.

Sowohl Prof. Michael Müller als auch Heidrun Müller sind beruflich erfolgreiche und zufriedene Menschen. Auf unsere Frage, wie sich ein gutes Berufsleben auf Familie und Partnerschaft auswirkt, gab Heidrun Müller zur Antwort: »Ich finde es gut, meinen eigenen Beruf zu haben. Ich könnte es mir nicht vorstellen, nur zu Hause zu sitzen und darauf zu warten, dass mein Mann abends nach Hause kommt und sich dann alles um seinen Beruf dreht.«

Prof. Michael Müller fügte hinzu: »Das Gute ist, dass wir beide eigene Welten haben, die uns ausfüllen und herausfordern. Ich bin nicht der Typ Mann, der am Abend nach Hause kommt und dann seinen Klinikalltag ausbreitet. Ich finde, man sollte seine Arbeitsprobleme nicht mit nach Hause nehmen.«

Heidrun Müller kann es oft nicht verstehen, dass ihr Mann so wenig über sein Berufsleben berichtet, denn sie selbst erzählt ihm gerne über das, was sie an der Schule erlebt. »Da sind wir zwei unterschiedliche Menschen«, betonte sie, »ihn interessieren viele Dinge schlichtweg nicht, Dinge, die mich durchaus interessieren. Ich erinnere mich da an ein Erlebnis aus früherer Zeit: Mein Mann fuhr eines Tages mit einem jungen Doktoranden zu dessen Doktorprüfung in eine andere Stadt. Als ich ihn am Abend fragte, ob der junge Mann verheiratet sei und Familie habe, antwortete er mir, dass er das nicht wisse, woraufhin ich ihn fragte: Worüber habt ihr denn die ganze Zeit geredet?« Auf unsere Frage, ob er mit dem Doktoranden denn nicht gesprochen habe, antwortete Prof. Michael Müller lachend: »Doch, wir haben ständig gesprochen, aber eben nicht über solche Dinge. Das war uns nicht wichtig.« Heidrun Müller entgegnete: »Gerade das aber hätte mich als Frau interessiert!«

Gegensätzlichkeiten hat das Paar auch in puncto Finanzen: Heidrun Müller ist eher sparsam veranlagt, während ihr Mann eher großzügig ist. Das führt gelegentlich zu Unverständlichkeiten und Meinungsverschiedenheiten in der Ehe wie im Fall der Trachtenjacke, die sich Prof. Michael Müller im vergangenen Jahr bei einem Klassentreffen in Deggendorf gekauft hat. »400 Euro hat die Jacke gekostet! Und nun hängt sie im Schrank, denn hier kann er sie nicht anziehen. Ist doch schade um das Geld!«, sagte Heidrun Müller und aus ihrer Stimme klang leichter Unmut.

Prof. Michael Müller widersprach mit einem gelassenen Lächeln: »Es ergibt sich schon noch die Gelegenheit, dass ich sie tragen kann!« Und er fügte auf unsere Frage, wie sie sich als Paar im Punkt »Finanzen« arrangiert hat, hinzu: »Wir haben uns dahingehend geeinigt, dass ich mir ab und zu das kaufe, was mir gefällt. Dann streiten wir uns zwar einige Tage darüber, aber dann ist die Sache abgehakt.«

Heidrun Müller schätzt an ihrem Mann, dass er sehr tolerant und zuverlässig ist. Wenngleich er selbst sehr wenig von sich redet und preisgibt, so ist er doch stets für ihre Belange offen. Schwer sei es für sie gewesen, sich daran zu gewöhnen, dass er so wenig Interesse für die Natur hat und sich nicht an der Gartenarbeit und den geliebten Spaziergängen beteiligt, die ihr so wichtig sind. »Ich habe mich zwar damit abgefunden, aber manchmal, wenn ich am Sonntag allein spazieren gehe und dann Paare sehe, tut es mir schon weh.«

Ein gemeinsames Hobby, das die Familie Müller seit vielen Jahren mit Begeisterung pflegt, ist das Tennisspielen. Nicht nur Eltern, sondern auch Kinder sind Anhänger dieses Sports. Seit mehreren Jahren sind Prof. Michael und Heidrun Müller Mitglied im örtlichen Tennisclub und haben auch dadurch Anschluss an die Gesellschaft in Osnabrück bekommen. Sooft es geht, verbringen sie ihre Freizeit zusammen im Tennisclub.

»Ich habe früher sehr gerne Fußball gespielt«, so Prof. Michael Müller, »habe mich dann aber auf Tennis verlegt. Hier in Osnabrück und Georgsmarienhütte habe ich einen Kreis begeisterter Tennisspieler gefunden. Wir treffen uns regelmäßig und spielen zusammen. Manchmal spiele ich auch mit meiner Frau oder den älteren Kindern. Die regelmäßige sportliche Betätigung ist für mich sehr wichtig. Ich bin mindestens dreimal wöchentlich auf dem Tennisplatz. Dann powere ich mich so richtig aus und gleiche meine Energien aus. Danach fühle ich mich wieder in Harmonie und Balance.«

Auf Grund der beruflichen Stellung, aber auch aus privaten Gründen, nimmt das Ehepaar Müller an vielen gesellschaftlichen Aktivitäten, beispielsweise im Lions Club, gemeinsam teil, sooft es geht.

Getrennte Wege geht das Ehepaar Müller aber gelegentlich im Urlaub, wenn Heidrun mit den Kindern und der Schwiegermutter nach Holland ans Meer fährt und dort ausgiebige Strandwanderungen macht. Michael Müller zieht es eher nach Bayern, in die Berge oder in den Süden ans Meer. Die gegensätzliche Konstellation hat es bisher verhindert, dass sich das Ehepaar Müller ein festes Feriendomizil zugelegt hat, denn ihn zieht es in den Süden, sie hingegen in den Norden.

Trotz aller Gegensätzlichkeiten aber bezeichnen sich Prof. Michael und Heidrun Müller als glückliches Paar. Würde er sie heute noch einmal um ihre Hand bitten, sie würde bedenkenlos »ja« sagen. Und auch er würde sie ohne Wenn und Aber wieder heiraten. »Ich schätze an meiner Frau ihre Toleranz und ihren Frohsinn. Diese Eigenschaften sind Voraussetzung für eine gute Ehe. Dazu kommt, dass sie auch eine gute Mutter ist und wir uns in der Erziehung unserer Kinder bis auf wenige Unterschiede ergänzen. Was mich allerdings oft aufregt, ist ihre Sammelleidenschaft. Jedes Döschen, jedes Schächtelchen, alles wird gesammelt ...« – »Ja, weil ich glaube, ich könnte es für die Schule noch mal gebrauchen«, verteidigte sich Heidrun Müller. »Aber es wird immer mehr und mehr«, entgegnete Prof. Michael Müller mit leichtem Unmut in der Stimme und es hat den Anschein, als tue es ihm gut, einmal offen diesen Punkt aussprechen zu können. »Wie gut, dass wir jetzt bauen und bald in unser neues, größeres Haus umziehen!«

Heidrun und Prof. Michael Müller wiesen darauf hin, dass sie die Überlegung, ob sie an diesem Buch teilnehmen sollen oder nicht, doch sehr beschäftigt hat. Man lebt ja sonst oft so nebeneinander her, ohne sich Gedanken darüber zu machen, ob man überhaupt noch glücklich miteinander ist. »Für uns war Ihre Anfrage die Gelegenheit, uns darüber klar zu werden, wie es eigentlich um unsere Ehe bestellt ist. Ich wollte zuerst nicht teilnehmen, weil ich ein Mensch bin, der nicht so gerne in der Öffentlichkeit steht«, sagte Heidrun Müller, »aber mein Mann fand die Idee sehr gut.«

»Uns wurde so manches bewusst bei diesem Überlegungsprozess«, fügte Prof. Michael Müller hinzu. »Es tut jeder Beziehung gut, sich einmal Gedanken darüber zu machen, wie man zueinander steht, wo es Gemeinsamkeiten und Gegensätzlichkeiten gibt, wo man eventuell unzufrieden ist, aber bisher nicht den Mut gefunden hat, einmal offen darüber zu reden. Am Anfang hat man oft so romantische Vorstellungen von der Ehe. Wenn man aber zusammenlebt, stellt man schnell fest, dass jeder ein ganz eigenständiges Wesen ist und man Regelungen und Arrangements für das Zusammenleben treffen muss.«

Eine gute Ehe zu führen bedeutet für Heidrun und Prof. Michael Müller, sich zu arrangieren, aber auch dafür zu sorgen, dass man sich eine eigene Welt erhält, in der man sich entfalten und Freude finden kann.

Auf die Frage, was sie ihren Kindern für ihre späteren Partnerschaften mit auf den Weg geben würden, antworteten beide: »Nicht gleich nach der Heirat an Kinder denken, sondern erst zu zweit ein paar Jahre zu leben und gemeinsam das Leben genießen. Kinder sind zwar etwas Wunderschönes, aber sie engen die Partner doch sehr ein. Wir hätten damals in Kanada vieles nicht machen können, wenn wir gleich am Anfang unserer Ehe ein Kind bekommen hätten.« Und Heidrun Müller schloss diesen Punkt mit der Erkenntnis ab: »Gerade von dieser freien, gemeinsamen Zeit in Kanada zehren wir heute noch.«

Prof. Michael-K. Müller und Heidrun Müller bezeichnen sich als Partner, die sich ihre eigene Welt erhalten haben und einander den Freiraum zugestehen, sich in dieser Welt zu bewegen. Dazu gehört für Prof. Michael Müller auch seine Arbeit an einem Krankenhaus im Jemen. »Mir sind interkulturelle Beziehungen in meiner Amtszeit als Chefarzt für Innere Medizin und Gastroenterologie am Marienhospital sehr wichtig. So fliege ich zweimal im Jahr für eine Woche nach Sana und arbeite dort am Krankenhaus. Wir haben auch gelegentlich Kinder aus dem Jemen bei uns im Krankenhaus, die wir hier behandeln.« Prof. Michael Müller genießt die Auslandsaufenthalte im Jemen und das Eintauchen in die fremde Kultur.

Heidrun Müller hat ihren Mann bisher noch nie auf seinen Jemen-Reisen begleitet, zum einen kann sie während der Schulzeit nicht verreisen und zum anderen kann sie dem fremden Land nicht so viel abgewinnen, schon allein auf Grund der unterschiedlichen kulturellen und sozialen Stellung der Frauen dort. Während es ihr Mann eher als erheiternd ansieht, dass die Männer im Jemen durchaus mehrere Ehefrauen haben, lehnt sie diese Einstellung weitgehend ab. Es macht ihr nichts aus, dass ihr Mann die Jemen-Reisen ohne sie macht. Gelegentliche Trennungen waren für sie noch nie problematisch, sondern vielmehr Gelegenheit für Freiraum und anschließenden Gedankenaustausch.

(Dieses Porträt entstand auf der Grundlage eines gemeinsamen Gesprächs mit Prof. Dr. Michael-K. und Heidrun Müller. Die Autorinnen danken ihnen für das aufschlussreiche und anregende Gespräch.)

Rezept für eine glückliche Ehe

Ottmar Hitzfeld: »Wie fast alles im Leben hatte auch meine Affäre eine positive Seite. Nach 27 Jahren Ehe waren gewisse Dinge zu selbstverständlich geworden. Jetzt weiß ich wieder, dass ich einen wunderbaren Partner habe, den es täglich neu zu entdecken gilt. Unsere Liebe wird inniger. Wie wichtig Beatrix für mich ist, hat sie allen gezeigt, die in meiner privaten und beruflichen Krise an mir herumstänkerten. Beatrix lässt keinen Keil zwischen uns treiben. Sie ist eine starke und großartige Frau. Ich liebe sie.«

Beatrix Hitzfeld: »Ich liebe Ottmar. Es ist Vertrauen da. Wieder. Ich kann mich auf ihn verlassen. Wieder. Er bringt mich zum Lachen. Wieder. Es ist Liebe.«

Ottmar und Beatrix Hitzfeld, Trainer FC Bayern München
(seit 27 Jahren verheiratet)

Eduard Prinz & Corinna Prinzessin von Anhalt

Das Hotel Mandarin mit seinem bekannten Feinschmecker-Restaurant »Mark's Corner« in der Münchner Innenstadt ist fast so etwas wie der »Audienzort« von Eduard Erbprinz von Anhalt. Die meisten seiner Geschäftsbesprechungen, aber auch Treffen rein privater Natur finden dort statt. Auch wir blieben bei der Wahl des Treffpunktes seiner Tradition treu und trafen uns zum gemeinsamen Gespräch in dem feinen Ambiente.

Erbprinz und Erbprinzessin von Anhalt erschienen pünktlich zum vereinbarten Termin – gemäß dem Motto »Pünktlichkeit ist die Höflichkeit der Könige«. Da wir uns bereits von einigen Medien-Events kannten, fiel die Begrüßung vertraut aus.

Nachdem wir uns im Restaurant niedergelassen hatten, um das Mittagessen gemeinsam einzunehmen, entstand sofort eine lockere Konversation. Erbprinz und Erbprinzessin von Anhalt begegneten uns offen, aufmerksam und ohne jeglichen Standesdünkel.

Erbprinz Julius Eduard Ernst August Prinz von Anhalt, Herzog von Anhalt, Herzog zu Sachsen, Engern, Westfalen, Graf zu Askanien, Herr auf Zerbst, Bernburg, Gröbzig, geboren 1941 als jüngstes Kind seiner Eltern Herzog Joachim Ernst – er war der letzte regierende Herzog des Landes Anhalt und musste im Jahre 1918 abdanken – und Herzogin Edda-Charlotte, ist der letzte männliche Spross der herzoglichen Familie Anhalt, die den Hausnamen Askanien trägt. Die Askanier sind ein deutsches Adelsgeschlecht aus dem Stamm der Sueben, das seit dem 10. Jahrhundert im sächsischen Raum (nordöstlich des Harzes) ansässig ist. Prinz Eduard hat berühmte Vorfahren wie Leopold I., genannt der »Alte Dessauer«, oder seinen Enkel Leopold Friedrich Franz, Herzog und Fürst von Anhalt-Dessau (1740–1817), dessen Rufname »Vater Franz« war und der als aufgeklärter Absolutist galt.

Der Vater überwarf sich 1934 mit den Nazis, wurde ab 1939 zur Zwangsarbeit verurteilt und 1944 zur Beugehaft im Konzentrationslager Dachau inhaftiert (er starb im sowjetischen Gulag Buchenwald 1947). Im Jahre 1945 musste Herzogin Edda-Charlotte mit den Kindern – unter Zurücklassung ihres gesamten Hab und Guts – vor den stalinistischen NKWD flüchten. Ihr Weg führte sie nach Garmisch-Partenkirchen, wo die Familie seit Jahren eine Villa besaß. Alle Besitztümer der Familie in Ostdeutschland wurden konfisziert und später durch die Bodenreform enteignet. Die herzogliche Familie war ihrer wirtschaftlichen Grundlage beraubt und führte fortan ein eingeschränktes Leben.

So wuchs Prinz Eduard – er wurde nach dem Tod seines älteren Bruders Friedrich im Jahr 1963 Erbprinz und damit Chef des Hauses Anhalt – in einem zweigeteilten Lebensumfeld heran: auf der einen Seite führte er ein privilegiertes Leben in Adelskreisen, insbesondere im Hochadel, auf der anderen Seite lernte er schon früh kennen, was es heißt, sein eigenes Geld verdienen zu müssen. Innerhalb seiner Ausbildung zum Industriekaufmann arbeitete er monatelang in einem Stahlhandelsbetrieb. So ist ihm auch der Umgang mit einfachen Arbeitern und Angestellten nicht fremd.

Als junger Mann verkehrte Prinz Eduard häufig in Adels- und Schickimicki-Kreisen und umgab sich mit mondänen Damen der High Society sowie der Hocharistokratie. Er stand im Mittelpunkt des Medieninteresses und seine neuesten amourösen Abenteuer wurden in der Yellow Press ausgiebig breitgetreten.

Als der smarte Playboy-Prinz in seinem 38. Lebensjahr die 17-jährige Abiturientin Corinna Kroenlein kennen lernte, hatte er nicht nur sieben Verlobungen hinter sich, sondern erfuhr sein unstetes Leben eine einschneidende Veränderung. Noch heute kann er sich an jedes Detail der ersten Begegnung erinnern: »Es war im Oktober 1978, nicht weit von hier, in der damaligen Harry's New York Bar, als ich Corinna zum ersten Mal traf. Sie war mit einem Freund von mir dort. Ich war sofort hingerissen von ihr, sie aber ignorierte mich total. Etwa ein halbes Jahr später, im Mai, lud mich dieser Freund zu einem Essen in das Restaurant ›Schwabinger Grill‹ ein. Bei dieser Gelegenheit traf ich Corinna wieder. Mein Freund, der kurz vor einer längeren Amerikareise stand, machte dann den Fehler, dass er mich bat, während seiner Abwesenheit auf Corinna aufzupassen. Das war dann das Ende seiner Beziehung und der Beginn unserer Beziehung.«

Corinna Kroenlein, geboren 1961, ist die Tochter einer Ärztin und eines bekannten Porträtmalers, der viele Ahnengalerien auf den modernen Stand bringt. Sie wuchs mit ihren beiden Geschwistern in Bad Tölz auf. Nach der frühen Trennung der Eltern blieben die Kinder bei der Mutter, die eine Praxis als Landärztin betrieb. Nach der Grundschule besuchte Corinna die Internatsschule in Reichertsbeuern, wo sie später auch das Abitur ablegte. Sie bezeichnet sich als gelungene Mischung aus einer bodenständigen, sehr engagierten, guten Landärztin und einem etwas weltfremden, aber ganz in seinem Beruf aufgehenden Künstler. Von der Mutter hat sie das Körper- und Gesundheitsbewusstsein mitbekommen, vom Vater die Liebe zum künstlerischen Bereich.

Auch Prinzessin Corinna erinnert sich noch an jedes Detail des Kennenlernens: »Als ich meinem Mann im Mai 1979 wieder begegnete, traf mich Amors Pfeil. Ich war fasziniert von ihm und seinem interessanten Leben. Besonders beeindruckt hat mich, dass er mich von Anfang an wie eine Frau behandelt hat, obwohl ich noch blutjung war. Damals wusste ich noch nicht, wer er wirklich war. Ich kannte ihn nur als Eddy. Erst als ich mich ein paar Tage später bei ihm in der Wohnung aufhielt und der Briefträger einen Einschreibebrief brachte, den ich entgegennahm, weil er beschäftigt war, sah ich seinen vollen Namen. Einen Moment lang dachte ich damals schon: ›O mein Gott! Was ist das?‹ Da ich aber von meinen Eltern so erzogen worden war, dass nur der Mensch zählt und nicht sein Titel, war mir das bald relativ egal. Ich habe mich in den Menschen verliebt und ich liebe und verehre ihn noch heute.« Darüber, dass sie damals als »neue Gespielin des Playboy-Prinzen« in allen Zeitungen stand und für reichlich Gesprächsstoff in den Klatschspalten sorgte, kann sie heute nur noch lächeln.

Als Prinz Eduard die junge Abiturientin kennen lernte, war sie bereits praktizierende Buddhistin. Im Alter von 12 Jahren hatte sich die Schülerin gegen den Willen der Mutter von der katholischen Kirche abgewandt. Ursächlich dafür war ein Schlüsselerlebnis mit einem Pfarrer, der sich sehr schlecht einem Mitschüler gegenüber benahm, als dessen Mutter an Krebs gestorben war. »Damals habe ich von einem Tag auf den anderen mit der Kirche gebrochen. Kurze Zeit darauf las ich ein Buch vom Dalai-Lama und da wusste ich, das ist meins. Ich kann nicht erklären, warum das so war. Ich habe dann angefangen mich mit dem Buddhismus näher zu beschäftigen und bin mit den Jahren immer tiefer eingestiegen.«

Nach dem Abitur beschloss Corinna Kroenlein Kunstgeschichte zu studieren. Vor dem Studienbeginn besuchte sie ihre in Amerika lebende und verheiratete Schwester. Prinz Eduard flog seiner Liebe alsbald nach. In Amerika folgte etwas, was er heute rückblickend als »Prüfungszeit« bezeichnet, denn dort, in der schwierigen gesellschaftlichen amerikanischen Struktur, zeigte sich, wie bravourös sich die junge Bürgerliche selbst im Kreis von Gouverneuren, Wirtschaftsmagnaten oder Präsidenten zu bewegen vermochte. Eduard von Anhalt erinnerte sich: »Corinna hat sich zum Beispiel mit dem späteren Präsidenten Reagan versiert über den Vietnam-Krieg unterhalten, worüber dieser hocherfreut war. Was er allerdings nicht wusste, war, dass sie kurz zuvor in der Schule über dieses Thema ein Referat gehalten hatte. Gouverneur Reagan kam danach zu mir und meinte: ›You have to marry this girl, she is brilliant!‹ Bei so einer Empfehlung«, fügte Prinz von Anhalt mit verschmitzter Miene hinzu, »konnte ich nicht anders, als seinem Rat zu folgen!«

In Amerika kam Corinna Kroenlein aber auch über einen Freund ihres Mannes mit der buddhistischen Gemeinschaft in Kontakt. Im Kreis dieser Menschen wurde ihr bewusst, wie sehr diese Religion ihrem persönlichen Glauben entsprach. Vertieft wurde ihre Verbundenheit zum tibetischen Buddhismus in den Jahren darauf durch einige persönliche Begegnungen mit dem Dalai-Lama.

Prinz Eduard stand dem östlichen Glauben seiner zukünftigen Frau tolerant gegenüber. Er war und ist selbst kein großer Christ und vertritt die Meinung, dass beide Kirchen schlechte Verwalter dessen sind, was Gott und Jesus Christus uns weitergegeben haben. Er betrachtet den Buddhismus als eine Art Lebenshilfe in Zeiten des Wandels. »Wenn das einem Menschen hilft, so finde ich das wunderbar. Und alles, was meiner Frau hilft, finde ich gut.«

Nach der Amerikareise nahmen sich Prinz Eduard und Corinna Kroenlein vor zu heiraten, aber aus verschiedenen Gründen schleppte sich ihre Entscheidung so dahin. Als sich dann jedoch Nachwuchs ankündigte, handelten sie schnell und heirateten. Vorerst allerdings, veranlasst durch die schwere Erkrankung von Herzogin Edda-Charlotte, nur standesamtlich.

Eduard von Anhalt ist ein unterhaltsamer Erzähler, der ungeniert berichtet, dass seine Mutter seinerzeit nicht sonderlich glücklich war über die nicht standesgemäße Verbindung. »Nach außen sah es so aus, als sei es eine Mesalliance gewesen. Aber für mich hat die

Beziehung immer gestimmt. Corinna ist zwar nicht adelig, aber sie kommt aus einer guten Familie. So ist ihre Mutter eine geborene Benz aus der Benz-Dynastie. Durch die mütterliche Seite meiner Frau kam das Merkantile in unsere Familie, etwas, das uns bis dahin gefehlt hat. Durch die kaufmännische Ader meiner Frau lernte ich den richtigen Umgang mit Geld, etwas, das sich später bei unserem Rückerstattungsverfahren als sehr wichtig erwiesen hat.«

Mit ihrer ruhigen und gelassenen Art fügte Prinzessin Corinna den Ausführungen ihres Mannes hinzu: »Ich glaube, nur wenige haben mir die Stärke zugetraut, mit diesem Mann eine gute Ehe zu führen. Was viele allerdings nicht wussten, war, dass ich von meiner Mutter ein sehr emanzipiertes Verhalten, allerdings im positiven Sinne, vorgelebt bekommen habe. Sie hat ihr nicht einfaches Leben als berufstätige und allein erziehende Mutter bravourös bewältigt und uns Kinder dadurch sehr geprägt. Da ich äußerlich eher zart und mädchenhaft wirkte, haben die meisten Menschen gedacht, dass ich diesen lebenserfahrenen Mann nicht in den Griff bekomme. Das war natürlich eine Herausforderung für mich. Aber ich bin ein Mensch, der die Herausforderung braucht! Herausforderungen waren und sind wichtige Energie-Momente in unserem langen Beisammensein.«

Welche Eigenschaften haben sie beide von Anfang an aneinander fasziniert und welche faszinieren sie noch heute?

Prinzessin Corinna überlegte einen Augenblick, ehe sie die Frage mit der ihr eigenen Ruhe und Sicherheit beantwortete: »Mich sprachen die Gradlinigkeit und Zivilcourage meines Mannes an, von der ich später sehr viel profitiert habe, ebenso seine Großherzigkeit und Großzügigkeit, die manchmal etwas maßlos ist, aber die ich an ihm liebe, weil ich eher etwas zurückhaltend bin. Was mich an ihm auch fasziniert, ist sein großes Herz, seine Wahrhaftigkeit und dass ich mich wunderbar mit ihm unterhalten kann.«

Prinz Eduard reagierte auf die »Liebeserklärung« seiner Frau mit einem leisen Lächeln, um ihr anschließend seinerseits eine »Liebeserklärung« zu machen: »Corinna ist unglaublich liberal und frei in ihren Ansichten, sie ist neugierig, intelligent und nicht voreingenommen, weder sozial noch religiös noch in sonst einer Form. Sie gibt niemandem das Gefühl, dass sie etwas Besseres ist. Bei ihr hatte ich immer das Gefühl, sie hat mich nicht als Prinzen geheiratet, sondern als Menschen, den sie mochte und mag. Das ist der Traum, den jeder Prinz hat: Die Frau zu finden, mit der man Pferde stehlen kann und die nicht auf ihrer prinzesslichen Position herumhackt und Dritten gegenüber den ›großen Maxe‹ markiert.«

Prinz Eduard fügte hinzu, dass ihm seine Frau auch sehr in Sachen »Anhalt'sche Adoptionen« geholfen hat: »Ich war sehr voreingenommen gegen diese Personen, die sich gegen Geld haben adoptieren lassen und nun ›Prinz‹ oder ›Prinzessin Anhalt‹ hießen. Corinna sagte zu mir: ›Nun schau sie dir doch erst einmal an und dann analysiere sie!‹ Dadurch haben sich meine Ansichten manchmal etwas geändert. Dank meiner Frau bin ich in vielem objektiver geworden.«

Seine Frau, so Prinz Eduard, habe ihn immer wieder überrascht, wenn es darum ginge, mit Menschen umzugehen oder sich vor Menschen hinzustellen und eine Rede zu halten. Im Gegensatz zu ihm, der auf Grund seiner Stellung dazu erzogen wurde, immer freundlich, ausgleichend und nett zu sein, differenzierte sie in ihrem Verhalten sehr wohl zwischen netten und nicht netten Menschen, ohne Rücksicht auf die gesellschaftliche Stellung des Einzelnen. »Das war ich vorher nicht gewöhnt«, so Prinz Eduard. »Ich war früher immer ›nett‹ zu allen, auch zu denen, die ich nicht mochte. Wenn es ganz schlimm kam, lief ich einfach weg. Corinna hat mir gezeigt, dass man vorsichtig gegenüber Menschen sein sollte und nicht immer nur nett sein muss.«

Am 21. Juli 1980 schlossen der PR-Kaufmann und Journalist Erbprinz Eduard und die Kunststudentin Corinna Kroenlein den Bund fürs Leben, der noch heute andauert, trotz der vielen Unkenrufe bei ihrer Eheschließung. Die über 20-jährige glückliche Ehe der beiden begründet sich auch auf die günstige Planetenkonstellation: Er ist Schütze und sie Löwe. Zwei Tierkreiszeichen, die sich ideal ergänzen und miteinander harmonieren.

Drei Töchter haben das Leben von Prinz Eduard und Prinzessin Corinna bereichert: Am 14. Dezember 1980 kam Julia-Katharina, genannt Juschka, auf die Welt, am 3. Januar 1985 Eilika und am 14. Mai 1993 Felicitas. Prinz Eduard war bei allen drei Geburten dabei: »Ich habe als Erstes die Kinder gewaschen, aber mich immer geweigert, ihnen die Nabelschnur zu durchtrennen, weil ich sagte: ›Ich bin ja nicht bei der Eröffnung einer Straße!‹ Dadurch, dass ich bei der Geburt dabei war, konnte ich von Anfang an eine Beziehung zu den Kindern aufbauen.«

In der Erziehung der Kinder gab es anfänglich unterschiedliche Vorstellungen. Prinzessin Corinna: »Mein Mann war nicht nur 20 Jahre älter als ich, sondern hatte auch eine sehr autoritäre Erziehung genossen. Ich hingegen hatte eine anti-autoritäre, nein, richtiger gesagt, eine a-autoritäre, d. h. sehr liberale Erziehung erhalten. Da mussten wir dann erst eine gemeinsame Linie finden.«

Für Prinz Eduard, der in erster Linie von Angestellten erzogen worden war, brachte die Vaterrolle anfangs gewisse Schwierigkeiten mit sich: »Ich hatte ja keine Vorbilder«, betonte er, »deshalb habe ich mir selbst eine Rolle zurechtgebastelt, die zwischen anti-autoritärer und leicht autoritärer Erziehung lag. Mir war es wichtig, meinen Töchtern Familien- und Geschichtsbewusstsein zu vermitteln, ihnen beizubringen, nicht überheblich zu sein, nicht aufzufallen, höflich zu sein, sich Älteren und Schwächeren gegenüber anständig zu benehmen, hilfsbereit zu sein, repräsentieren zu können usw. Da gab es von meiner Frau her, die ja eine ganz andere Erziehung genossen hat, schon manchmal den Einwand, ich solle die Kinder nicht so überfordern. Wir haben uns dann aber jedes Mal darüber ausgetauscht und eine gemeinsame Linie gefunden.«

Auch nach der Geburt des ersten Kindes studierte Prinzessin Corinna weiter Kunstgeschichte, doch als sich Eilika ankündigte, gab sie ihr Studium auf, um sich fortan mehr um die Familie kümmern zu können. Zeitweise arbeitete das Paar auch redaktionell zusammen, so Ende der 80er-Jahre, als Eduard Prinz von Anhalt für RTL 24 Sendungen mit 70 Beiträgen machte, die unter dem Titel »Adel verpflichtet« liefen. »Corinna war die Redakteurin, ich der Moderator«, so Prinz Anhalt. »Wir haben die Sendungen dann auch im Schreibbereich verwertet, haben Artikel geschrieben usw. Diese Arbeit lief bis zur Wiedervereinigung im Jahr 1989. Meine journalistische Tätigkeit musste ich aufgeben, denn es galt nun, sich, durch die veränderte Situation, den daraus resultierenden Herausforderungen zu stellen. Das Erbe meiner Väter anzutreten erwies sich als sehr arbeits- und kampfintensiv durch die unerwartet schwierige

Rechtslage. Mein Weg zurück in die Heimat war mit vielen Prozessen verbunden.«

Die vielen gerichtlichen Auseinandersetzungen, die ein Vermögen verschlungen haben, führten zwischenzeitlich zu Teilerfolgen. Nach und nach bekommt die herzogliche Familie Anhalt ihre Kunstsammlung wieder zurück. Leider sind viele Kunstwerke in aller Welt verstreut und müssen erst wieder mühsam ausfindig gemacht, zurückgebracht und großteils restauriert werden. Weiterhin befindet sich zwischenzeitlich das Jagdschlösschen Röhrkopf in Ballenstedt wieder im Besitz der Familie – durch Rückkauf! Das heruntergekommene Gebäude wird zur Zeit von Grund auf saniert, ein enormer finanzieller Aufwand, so Prinz Eduard: »Wir alle, d. h. auch unsere Kinder, tragen diese Kosten mit. Das bedeutet beispielsweise, dass sich unsere älteste Tochter kein eigenes Auto leisten kann. Aber sie wollte das so, denn sie sieht ihre Rolle als Erbprinzessin als eine Lebensaufgabe.«

Wir wurden bei dieser Gelegenheit darüber aufgeklärt, dass es im Ermessen von ihm als Hauschef liegt, die weibliche Nachfolge im Hause Anhalt zu bestimmen, ein Schritt, den er demnächst durchführen werde, damit seine erstgeborene Tochter Julia-Katharina die Dynastie weiterführen kann.

Zur Zeit laufen die Sanierungsarbeiten am Schlösschen Ballenstedt, die noch etwa ein bis zwei Jahre dauern werden. Wenn sie abgeschlossen sind, wollen Erbprinz und Erbprinzessin von Anhalt mit ihren Kindern in die alte Heimat ihrer Vorfahren ziehen.

Auf unsere Frage, ob sie gerne nach Ballenstedt geht, antwortete Prinzessin Corinna: »Ja, sehr gerne. Ich bin so neugierig auf die Heimat der Vorfahren meines Mannes. Die Familie Anhalt hat eine lange historische und kulturelle Geschichte, die mich sehr interessiert, die mich aber rein theoretisch eher langweilt. Wenn ich Geschichtsbücher lese, die ja zumeist sehr trocken geschrieben sind, dann schlafe ich oft nach drei Seiten schon ein. Ich bin ein Mensch, der die Dinge praktisch erleben muss, sie intuitiv nachempfinden, sie spüren muss. Das kann ich dann, wenn wir dort leben. Außerdem liebe ich das Landleben sehr und der Ort, an den wir ziehen werden, ist ein wunderschöner Platz. Die Menschen, die ich bisher kennen gelernt habe, liegen mir auch sehr, denn sie haben viel Humor.«

Auch wenn Prinzessin Corinna ein sehr in sich ruhender und ausgeglichener Mensch ist, der nach außen oft ernst wirkt, hat sie dennoch auch eine sehr humorvolle Ader. Prinz Eduard schätzt das Lachen seiner Frau sehr: »Ich gehe so gerne mit Corinna ins Kino oder Theater, weil sie über die blödesten Gags und die ältesten Klamotten so herrlich lachen kann. Wenn ich Kinofilmemacher wäre und eine Premiere hätte, würde ich sie anstellen!«, fügte er mit schmunzelnder Miene hinzu.

Prinz Eduard und Prinzessin Corinna von Anhalt bezeichnen Toleranz, Großzügigkeit und Humor als wichtige Säulen ihrer über 20-jährigen Ehe. Sie versuchen nicht, den Standpunkt des einen dem anderen aufzuoktroyieren, auch nicht in Sachen Glauben. Prinz Eduard: »Ich würde nie zu meiner Frau sagen: ›Du armes Kind, wenn du nicht an den lieben Gott glaubst, kommst du in die Hölle!‹ Dabei käme ich mir lächerlich vor. Für Corinna ist ihr Glaube wichtig und richtig und ich toleriere das. Sie meditiert täglich, macht Yoga, das kommt ja auch mir wieder zugute.«

Prinzessin Corinna, die seit vielen Jahren Vegetarierin ist, toleriert es ihrerseits, dass ihr Mann und auch die Kinder Fleisch essen. »Ich habe nie versucht, meine Kinder zum Vegetarismus zu erziehen oder meinen Mann zu beeinflussen. So war es auch mit dem Buddhismus. Jeder muss für sich selbst entscheiden, welcher Weg für ihn richtig ist. Ich für mich habe meine Entscheidung getroffen und meinen Weg gefunden und würde es nicht tolerieren, wenn mich jemand davon abzuhalten versuchte.«

Welche Faktoren sind es, damit eine Ehe glücklich wird? Dass man die Leine locker hält und sich nicht gegenseitig einengt, meinen beide übereinstimmend. »Wir sind neugierige Menschen, die nicht in einem festgefahrenen Raster leben und dadurch immer wieder noch Nischen und Ecken am anderen entdecken, die wir voneinander nicht kennen. Ein Partner, der wie ein offenes Buch ist, wäre auf die Dauer langweilig. Das kann bei uns nie passieren!«

Eduard und Corinna von Anhalt sind temperamentvolle und lebensfrohe Menschen, die beide sehr gerne kochen. Prinzessin Corinna hat diese Leidenschaft von ihrem Mann übernommen, der ein Feinschmecker ist und in diesem Zusammenhang auch vor einigen Jahren im Fernsehen eine Reihe mit dem Titel »Fleischliche Genüsse« moderiert hat. Gemeinsam probiert das Paar zu Hause vielerlei Rezepte aus, wobei jeder seinen speziellen Part hat: Er ist für die Zubereitung des Fleisches zuständig und sie für die Salate und das Gemüse.

Prinzessin Corinna hat das gemütliche Bauernhaus in der Nähe vom Ammersee, in dem die Familie seit nunmehr sieben Jahren wohnt, zu einer kleinen Idylle gemacht. Sie ist begeisterte Handwerkerin, Künstlerin und Gärtnerin, geht selbst mit Bohrmaschine oder Lack und Pinsel ans Werk. »Ich bin unheimlich gerne handwerklich tätig«, sagt sie, »und habe auch einmal eine Schreinerlehre gemacht, obwohl mein Körper eigentlich nicht dafür geschaffen ist. Das Künstlerische schreit bei mir immer mehr danach, ausgelebt zu werden. Deshalb freue ich mich natürlich auch schon sehr auf den Umzug nach Ballenstedt, wo ich mich verstärkt mit Kunst und Kultur beschäftigen kann.«

Prinz Eduard und Prinzessin Corinna haben Jahre erlebt, in denen sie tagtäglich 24 Stunden beisammen waren, aber es gab auch immer wieder Jahre, in denen sie eine »Seemannsehe« geführt haben und sich nur wenig gesehen haben. Das hat ihrer Ehe nicht geschadet, ganz im Gegenteil: »Wenn man sich weniger sieht, freut man sich mehr auf die gemeinsame Zeit und genießt sie«, ist ihr gemeinsamer Tenor. Prinz Eduard genießt jede Minute, die er mit seiner Frau und auch den Kindern verbringen kann.

Die gegenseitige Liebe, die sich im Laufe der Jahre vertieft hat und vertrauensvoller geworden ist, ist das Fundament ihrer langjährigen glücklichen Ehe. Für Prinzessin Corinna ist die Liebe zu ihrem Mann etwas Karmisches: »Wir sind uns begegnet und wir waren füreinander bestimmt. Die Stürme, die jede Lebensgemeinschaft durchstehen muss, die wir natürlich auch hatten, sind immer wieder durch unsere Liebe überstanden worden. Auch wenn alle rationalen und emotionalen Argumente bei bestimmten Problemen am Ende zu sein schienen, so hat die Liebe und der Magnetismus unserer Liebe immer dazu geführt, dass wir wieder zueinander gefunden haben.«

Die Höhen und Tiefen ihrer Partnerschaft haben sie eng zusammengeschweißt, bekundet das Paar. »Wenn wir ganz unten waren«, so Prinz Eduard, »dann habe ich gemerkt: du hast eine tolle Frau an deiner Seite, die mit dir das durchsteht, du bist nicht allein, die hält die Familie zusammen. Die Erkenntnis, eine Gemeinschaft zu sein, ist ein großer Höhepunkt in meinem Leben gewesen.«

Befragt nach ihrem Beruf gibt Prinzessin Corinna stets an: Familien-Managerin. Sie hat diese Berufsbezeichnung für sich kreiert, weil sie genau auf ihre Aufgabe zutrifft. Mutter und Ehefrau allein hält sie für nicht ausreichend. »Ich habe die Berufsbezeichnung ›Familien-Managerin‹ gewählt, weil ich mir jeden Tag aufs Neue überlegen muss, wie ich meine ›Firma‹ und unsere Ehe am Laufen halte, wie ich unsere Finanzen organisiere usw. Das ist in starkem Maße eine Frage des ›Investments‹. Wenn ich als Managerin bemerke, dass es in meiner ›Firma‹ Probleme gibt, dann wird das sofort angesprochen, diskutiert, saniert und verändert, bis alles wieder stimmig ist. Ich glaube, eine der Ursachen, warum so viele Ehen heute scheitern, ist, dass die Paare denken, ihre Ehe ist etwas, das von selbst läuft. Sie setzen sich nicht mit den Partner- und Familienproblemen auseinander, sie nutzen ihre Kreativität nicht, um ihre Ehe und ihre Familie intakt zu halten. Eine Ehe ist doch wie ein Pflanze, die gegossen, gedüngt und gepflegt werden muss um zu blühen. Mich dafür einzusetzen war mir immer sehr wichtig in unserer Lebensgemeinschaft.«

Prinz Eduard und Prinzessin Corinna sind lebensfrohe Menschen, die immer wieder durch ihr unkonventionelles Verhalten überraschen. So feierten sie beispielsweise ihre kirchliche Hochzeit, die sechs Jahre nach der standesamtlichen erfolgte, nicht auf einem Schloss oder in einem Luxushotel, sondern in der Abgeschiedenheit der Schweizer Berge. »Um zu dem Almdorf zu kommen, musste man elf Kilometer über Schotterwege und durch Flussbetten fahren. Einige unserer Gäste sind auf dem halben Weg wieder umgekehrt und zurückgefahren«, erinnern sie sich. »Die, die weitergefahren sind, mussten dann ihr Auto unterhalb des Dorfes stehen lassen und dann noch ein ganzes Stück zu Fuß hinaufsteigen. Untergebracht wurden unsere Gäste in umliegenden Almhütten ohne jeglichen Komfort. Der Wirt des kleinen Gasthauses hat gekocht und zugleich auch in der kleinen Kirche die Glocke geläutet. Wir hatten alles wunderbar mit Blumen dekoriert. Da es in der Kirche keine Orgel gab, hatten wir eine Hausmusik-Familie aus Garmisch-Partenkirchen kommen lassen. Es war ein unvergessliches Erlebnis für alle!«

Unkonventionell ist Prinzessin Corinna auch, wenn es um ihre Kinder geht, denen sie nicht nur Mutter, sondern auch Freundin zugleich ist. So teilte sie vor einigen Jahren beispielsweise die Techno-Leidenschaft der beiden älteren Töchter und besuchte mit ihnen gerne den UnTon-Move. Manchmal wird auch der Vater unfreiwillig mit einbezogen, der für diese Musik nicht so viel übrig hat und dann seinerseits für eine Überraschung sorgt. »Ich wollte einmal mit Juschka und Eilika auf einen Techno-Rave gehen, wurde aber dummerweise krank. So bat ich meinen Mann mit ihnen hinzugehen. Er hat sie dann alleine hingefahren. Als sie am Abend wieder zurückkamen, fragte ich sie: ›Wo war denn der Papi?‹, und sie sagten: ›Der war dabei und ist voll abgegangen!‹ Das ist das Typische an meinem Mann: Man kann ihn vorher nie einschätzen und sagen: ›Das findet er doof!‹ Er ist immer für eine Überraschung gut. Deshalb erscheint mir mein Mann auch nicht 20 Jahre älter als ich, sondern viel jünger, als er wirklich ist.«

Der Altersunterschied ist nie ein Problem gewesen zwischen Prinz Eduard und Prinzessin Corinna. Vielmehr waren die unterschiedlichen Stadien, in denen sich beide auf Grund des Altersunterschiedes befanden, stets ein Anlass für einen lebendigen, gegenseitigen Austausch.

Wie gehen sie damit um, wenn es in ihrer Partnerschaft zu Streitigkeiten kommt, zum Beispiel, weil sie wieder mal zu spät ist oder er mal wieder zu ungeduldig reagiert? »Unsere Streitgespräche sind immer konstruktiv und nicht destruktiv. An konstruktiven Streitgesprächen kann man wieder aufbauen, an destruktiven nicht oder nur sehr schwer. Man sollte bei Streitigkeiten Wert darauf legen, dass man wieder den Weg zurück findet. Wir halten es für wichtig, Toleranz und Großzügigkeit in der Partnerschaft zu üben, damit es möglichst wenig zu Streitigkeiten kommt.«

Wie haben sie sich im Punkt »Zuspätsein« und »Ungeduld« arrangiert? Prinz Eduard: »Ich habe mir angewöhnt, immer eine Stunde früher zu starten. Auf diese Weise sind wir dann einigermaßen pünktlich.«

Prinzessin Corinna: »Mir ist die heutige Zeit einfach zu schnell.

Ich weigere mich, dem enormen Zeitdruck der heutigen Gesellschaft zu unterwerfen! Ich bin jemand, der seine Zeit braucht, um sich einzufühlen und Erlebtes zu verarbeiten. Mein Mann hat sich mit mir arrangiert.«

Prinz Eduard und Prinzessin von Anhalt betrachten ihre Lebensgemeinschaft als Chance, sich jeden Tag aufs Neue wieder dafür zu entscheiden, mit dem Lebenspartner gemeinsam durchs Leben zu gehen. Seit über 20 Jahren nehmen sie täglich diese Chance war. Sie haben ihre Entscheidung noch nie bereut. »Wir sind kein ideales Paar, das so nebeneinander herlebt und in dessen Ehe es furchtbar langweilig ist. Bei uns gibt es immer etwas Neues, gibt es ständig Entwicklung und Wachstum. Wir haben eine lebendige Beziehung, die im positiven Sinn immer wieder neue Energie in unsere Partnerschaft bringt. Wir stehen hundertprozentig hinter dem anderen und genau das weiß jeder von uns sehr zu schätzen.

(Dieses Porträt entstand auf der Grundlage eines gemeinsamen Gesprächs mit Erbprinz Eduard und Erbprinzessin Corinna von Anhalt. Wir danken ihnen für das aufschlussreiche und anregende Gespräch.)

Rezept für eine glückliche Ehe

Maria Shriver: »Es ist ein Fehler, zu glauben, dass dein Ehemann dein bester Liebhaber, deine engste Bezugsperson, dein bester Tröster – überhaupt der Beste für dich in allem sein kann. Das ist zu viel verlangt von einer Person.«

Maria Shriver: »Ich finde Arnold weiterhin unglaublich attraktiv. Mir klopft das Herz, wenn ich ihn sehe. Ich habe viele Freundinnen, mit deren Männern es sich einfacher leben lassen würde – aber das ist nicht das, wofür ich mich entschieden habe.«

Arnold Schwarzenegger und Maria Shriver
Muskelprotz und Schauspieler
(kennen sich seit 24 Jahren, seit 17 Jahren verheiratet)

Graf Lennart & Gräfin Sonja Bernadotte

Die Insel Mainau im Bodensee ist zu jeder Jahreszeit einen Besuch wert – ob im Frühjahr, Sommer, Herbst oder Winter. Sie ist eine Quelle für Ruhe, Entspannung und Zufriedenheit, sie schenkt Freude an den Pflanzen, löst Staunen und Bewunderung aus für die Vielfalt und Pracht der Natur, ist Erlebniswelt für die Sinne und Erholung für Körper, Seele und Geist.

Ein besonderes Flair umgibt die Mainau, wenn sie aus dem Winterschlaf erwacht und der Frühling seine erste Boten ausschickt. Sträucher und Blumen stehen im März auf der Insel in vollen Knospen, sind teilweise schon aufgebrochen, zarte oder kräftige Farben schmücken das Braun oder Grün und verzücken den Betrachter, der sich nach der langen, kahlen Winterszeit nach der Farbenpracht der Natur sehnt. Auf der Mainau finden sich im Frühling überall wunderbare Naturschauspiele sich entfaltender Blütenpracht. Das Highlight bildet die einzigartig schöne Orchideenschau im Palmenhaus.

Die Insel Mainau liegt in der Obhut von Graf Lennart und Gräfin Sonja Bernadotte. Als Graf Bernadotte 1932 als Beauftragter seines Vaters auf der kleinen Insel im Bodensee dessen Erbe antrat, verbarg sich seine künftige Lebensaufgabe noch im Dickicht des verwilderten Parks, den sein Urgroßvater Großherzog Friedrich I. von Baden mit einer kostbaren Baumsammlung begonnen hatte. Graf Bernadottes Vision war es, den Park mit Leben zu erfüllen und aus der Mainau ein Pflanzenparadies für Jung und Alt zu machen. Unter seinen Händen erlangte die Mainau, die er 1951 von seinem Vater, Prinz Wilhelm von Schweden, übernahm, ihre heutige Schönheit und geistige Strahlkraft. In den Folgejahren schuf er ein außergewöhnliches Lebenswerk, das weltweites Ansehen genießt.

Seit 1981 ist seine zweite Frau, Gräfin Sonja, Geschäftsführerin des Unternehmens Mainau und führt das Lebenswerk ihres Mannes fort. Während Graf Lennart früher noch Besitzer der Mainau war, befindet sich die Insel heute nicht mehr im Privatbesitz der Familie, sondern wurde 1974 in die Lennart-Bernadotte-Stiftung eingebracht. Damit ist gesichert, dass die Institution Mainau nicht den Unwägbarkeiten des Erbgangs zum Opfer fällt, sondern als historischer Park, Ausflugsziel und Kulturstätte auch in Zukunft erhalten bleibt.

Unsere Begegnung mit der Mainau, dem Schloss und der Pressereferentin verlief vertraut, immerhin war es unser drittes Zusammentreffen innerhalb der letzten beiden Jahre. Während wir jedoch sonst unser Gespräch im Besprechungszimmer geführt hatten, fand es diesmal in den Privaträumen der gräflichen Familie im oberen Geschoss des Schlosses statt.

Graf Lennart empfing uns im Lehnstuhl am Fenster. Sein fortgeschrittenes Alter und eine Beeinträchtigung der Atemwege zwingen den einst tatkräftigen Mann zur Ruhe. Der 93-Jährige wurde am 8. Mai 1909 als einziges Kind des schwedischen Prinzen Wilhelm und der Großfürstin Maria Pawlowna von Russland in Stockholm geboren. Als Lennart Prinz von Schweden, Herzog von Smaland, 1932 eine Bürgerliche heiratete, verlor er den Prinzentitel und das Erbrecht auf die schwedische Krone. Den Adelstitel Graf Bernadotte af Wisborg erhielt er 1951 von der Großherzogin Charlotte von Luxemburg. Graf Lennart ist der Onkel des heutigen schwedischen Königs Carl Gustav.

Obwohl Graf Lennart körperlich nicht komplett gesund schien, überraschte er uns mit seinem frischen Geist und seiner ausdrucksstarken Stimme. Sein Lehnstuhl war so positioniert, dass sein Blick in Richtung auf das benachbarte private Arbeitszimmer seiner Frau, Gräfin Sonja, fiel, wo sie am Schreibtisch saß und telefonierte. Ihre helle, melodiöse Stimme erfüllte belebend das antiquierte Gemäuer.

Kurze Zeit darauf gesellte sich auch Gräfin Bernadotte zu uns. Die Begrüßung fiel liebenswürdig aus, ganz so, wie es bei Menschen der Fall ist, die sich kennen und schätzen. Wie schon beim letzten Mal faszinierte sie uns durch ihre Offenheit, Natürlichkeit und Lebhaftigkeit. Sie trug einen sandfarbenen Hosenanzug, der ihr ein sportlich-elegantes Aussehen verlieh. Obwohl bereits 57 Jahre alt, wirkte sie vom Aussehen und Auftreten her jugendlich und vital wie eine Frau Anfang 40.

Sonja Gräfin Bernadotte kam am 7. Mai 1944 in Litzelstetten bei Konstanz als Sonja Haunz zur Welt. Sie verbrachte einen Großteil ihrer Kindheit auf der Insel Mainau, bedingt durch ihre Eltern, die auf der Mainau arbeiteten: ihr Vater als Prokurist und die Mutter in der Poststelle. Nach dem Handelsschulabschluss hätte es der Vater gerne gesehen, wenn sie in die Verwaltung der Mainau eingetreten wäre, doch sie lehnte sein Ansinnen ab. Bedingt durch einen

Personalengpass übernahm sie kurze Zeit später in der Mainauverwaltung eine Aushilfsstelle als Telefonistin. Dabei bewährte sie sich gut und fand auch selbst so viel Gefallen an der Arbeit, dass sie daran anschließend in die Abteilung ihres Vaters eintrat, dem dort eine Mitarbeiterin fehlte.

Graf Lennart erkannte rasch die außergewöhnlichen Fähigkeiten, insbesondere das Sprach- und Organisationstalent seiner jungen Mitarbeiterin. Er dachte schon seit geraumer Zeit daran, für seinen internationalen Aufgabenbereich eine geeignete Assistentin zu suchen. So ließ er Sonja Haunz dafür ausbilden, zunächst bei Sprachstudienaufenthalten in England und Frankreich. Auch absolvierte sie ein Praktikum in der ehemaligen Bundesanstalt für Vegetationskunde, Naturschutz und Landschaftspflege in Bad Godesberg. Sie kehrte sodann als Assistentin des Inselherrn auf die Mainau zurück und arbeitete engagiert an dessen Seite.

Was sich danach ereignete, mag so manch einfachem Mädchen wie ein Traum aus einem Märchen erscheinen: Aus der Sympathie, die Graf Lennart und Sonja Haunz füreinander empfanden, wurde Liebe und im Jahr 1972 bekamen sich der »Prinz« und die »Prinzessin«. Aus Sonja Haunz wurde Sonja Gräfin Bernadotte af Wisborg.

Auf unsere Frage, was sie beide aneinander so fasziniert hat, ergriff Graf Lennart als Erster das Wort: »Oh, da gibt es vieles. Beispielsweise die unerhörte Ausstrahlung, die meine Frau hatte und auch heute noch hat – auf mich ebenso wie auch auf andere Menschen. Dann ihr gutes und umfangreiches Organisationstalent und ihre Sprachbegabung. Meine Frau spricht ja nicht nur vier Sprachen fließend, sondern was ich so bewundere an ihr, ist, dass sie auch die Sprachmusik beherrscht. So ist es in Schweden sogar passiert, dass die Schweden zu ihr gekommen sind und sie gefragt haben, aus welchem Teil des Landes sie eigentlich stammt, was ein großes Kompliment ist!«

Graf Bernadottes Stimme klang lebhaft und die Art seiner Erzählung zeigte, dass er eine humorvolle Ader besitzt. Nach einem kurzen Räuspern fuhr er fort: »Was mich an meiner Frau noch sehr angesprochen hat, war und ist ihr herrlicher Appetit auf Leben! Sie ist so unglaublich vielseitig. Ich ziehe gerne den Vergleich mit dem Spruch eines Freundes meines Vaters – Frage: Was kann man nicht immer tun? Antwort: Alles. Das stimmt bei Sonja nicht. Sie tut immer alles!«

Gräfin Bernadotte verfolgte die Ausführungen ihres Mannes mit Aufmerksamkeit und einem leisen Lächeln. Mit leuchtenden Augen berichtete sie uns anschließend von ihrer tiefen Bewunderung, die sie seit ihrer frühesten Kindheit für den Inselherrn der Mainau empfunden hat. Sie besuchte gemeinsam mit der jüngsten Tochter von Graf Lennart aus erster Ehe die Volksschule. Ihre Bewunderung für ihn vertiefte sich, als sie ihn durch ihre Arbeit näher kennen lernte und mitbekam, was er alles bewegte. Zudem war sie von seinem Humor, seinem Witz und seiner Fröhlichkeit fasziniert, die er selbst in schweren privaten Zeiten nicht verlor.

Als sie seine Assistentin war und sich ihre gegenseitige Sympathie vertiefte, hat sie eine andere Seite an ihm kennen gelernt, die sie sehr beeindruckte – seine Beharrlichkeit. Obwohl sie ihm immer wieder signalisierte, dass sie die Mainau gerne verlassen wollte und dies auch zeitweise tat, hat er nicht aufgegeben und weiter beharrlich um sie geworben. Gräfin Sonja: »Sein Werben um mich hat mich schließlich auch bestärkt, denn es zeigte mir, dass ich ihm es wert bin. So fiel es mir nicht schwer, ›ja‹ zu sagen, als er nach seiner Scheidung um meine Hand anhielt. Seine Zuverlässigkeit und Treue, auch Freunden gegenüber, empfand ich immer als etwas sehr Beeindruckendes.«

Gräfin Bernadotte versäumte es nicht, uns in diesem Zusammenhang darauf hinzuweisen, dass sie selbst in einer sehr glücklichen Familie aufgewachsen ist. Ihre Eltern hatten eine zauberhafte Ehe und daraus erwuchs ihr Anspruch an ihre eigene Ehe: »Ich sagte mir: ›Da muss es stimmen, in allen Bereichen.‹ Ich wollte eine Ehe, die hält, die stabil ist, wo man gemeinsam glücklich ist, und das habe ich letztendlich auch erreicht.«

Gräfin Sonja war 28 Jahre alt, als sie Inselherrin wurde, Graf Lennart immerhin 63. Angesprochen auf die 35 Jahre Altersunterschied und ob es nicht zu anfänglichen Anpassungsschwierigkeiten kam, meinte Graf Lennart: »Oh, sie hat mich gut erzogen!«, und Gräfin Sonja konterte: »Und umgekehrt!«

Sie wurde zu Anfang ihrer nunmehr 30-jährigen Ehe immer wieder gefragt, was der Altersunterschied für sie bedeutet. Ihre Antwort darauf lautete stets, dass es doch etwas Wertvolles sei, von einem reifen Mann so viel lernen zu können und von ihm geprägt zu werden. Gräfin Sonja rückblickend: »Ich war aufgefordert, schon in jungen Jahren eine gewisse Reife und Vernunft zu zeigen, das hat sich ungemein positiv auf mich und meinen weiteren Lebensweg ausgewirkt.«

Eine Ehe als Lernprozess? »Warum nicht!«, antwortete sie, »ich finde, dass es für manche Paare ganz gut wäre, ihre Ehe als Lernprozess zu betrachten. Man kann nämlich immer voneinander lernen, auch wenn man altersmäßig nicht so weit voneinander entfernt ist wie wir. Mir war das jedenfalls immer sehr wertvoll. Unser Altersunterschied war und ist nie ein Problem.«

War es für einen 35 Jahre älteren Mann eine Herausforderung, eine so junge Frau an seiner Seite zu haben? Graf Bernadotte: »Ja natürlich! Es ist ja nicht gesagt, dass das ewig anhält und die junge Frau nicht eines Tages sagt: ›Was soll ich mit dem Greis!‹«

Er weiß, wie schwierig es ist, eine gute Ehe zu führen, und sieht die Sache ohne romantische Schnörkel. »Ich habe oft bei Verlobungen und Hochzeiten Reden halten müssen. Dann sagte ich zu den jungen Menschen: ›Glaubt nicht, was in den Märchen steht. Glaubt nicht, dass jetzt eine weiße Taube angeschwebt kommt und sich auf eure Schultern setzt. Das gibt es nicht! Das gemeinsame Glück muss vielmehr jeden Tag aufs Neue erschaffen werden. Durch streiten, durch Lieben, durch Verstehen und füreinander Interessieren‹«.

Fünf Kinder wurden dem Paar geboren – Bettina (1974), Björn Wilhelm (1975), Catherina (1977), Christian Wolfgang (1979) und Diana (1982). Gräfin Sonja kümmerte sich fortan nicht ausschließlich um die Erziehung der Kinder, sondern widmete auch einen Teil ihrer Zeit und Kraft der Mainau, die sie zusammen mit ihrem Mann führte. Doch schon bald zog sich Graf Lennart immer mehr aus der Geschäftsführung zurück und überließ seiner Frau den Hauptpart. Seit 1981 ist sie die erste Geschäftsführerin der Mainau GmbH und managt das Unternehmen mit einem zweiten Geschäftsführer, der aus Altersgründen zum Ende des Jahres 2001 ausschied. Seit 1. Januar 2002 hat sie Verstärkung aus der eigenen Familie bekommen: die älteste Tochter Bettina, Diplom-Betriebswirtin von Beruf, steht ihr als Chefassistentin zur Seite.

Das Thema »Mainau« war und ist das »Überthema« in der Beziehung zwischen Gräfin Sonja und Graf Lennart. Nach dem Ausscheiden ihres Mannes sah sich Gräfin Sonja in die Pflicht genommen, das Lebenswerk von Graf Lennart nicht nur zu erhalten, sondern es zeitgemäß weiterzuentwickeln, um der nachfolgenden Generation den Boden zu bereiten. Es war und ist eine große Herausforderung, den von der Tradition patriarchalisch geführten Betrieb in ein modernes Wirtschaftsunternehmen mit allen betriebswirtschaftlichen Erfordernissen umzuwandeln.

Graf Lennart hat mit seiner Entscheidung, Gräfin Sonja zu seiner Assistentin auszubilden, danach die engagierte junge Frau zu heiraten und ihr sodann die Mainau zu übergeben, einen Glücksgriff getan. Er muss ein sehr gutes Gespür für die Qualitäten eines Menschen haben. Angesprochen darauf antwortete er: »Ich habe meine Frau genau beobachtet und gefühlt, was sie kann und was sie will. Und dabei habe ich gemerkt: Sie ist genau die Richtige – für mich ebenso wie für die Mainau. Ich war ja schon zu alt. Ich brauchte jemanden, der die Mainau in die neue Zeit führt, der sie mit modernen Augen sieht und nicht mit meinen alten. In den ersten Jahren unserer Ehe habe ich dann ganz einfach plötzlich den ›Schalter‹ gezogen und weg war ich. Das hat mir meine Frau dann anfangs etwas übel genommen!«

Gräfin Sonja widersprach dem Ausdruck »übel genommen«. Sie habe nur manchmal das Gefühl gehabt, dass er die gemeinsame Basis verlassen hätte. Die Anfangsjahre als Hauptgeschäftsführerin der Mainau waren für sie eine große Anspannung und Belastung: auf der einen Seite das Unternehmen mit über 400 Angestellten, das geführt werden musste, auf der anderen Seite die Erziehung von fünf Kindern, daneben galt es zwei große Ehrenämter zu bewältigen. »Privat war das eine Zäsur, die ich erst einmal richtig einordnen musste. Mein Privatleben wurde enorm beschnitten und wir konnten vieles nicht mehr gemeinsam machen«, erinnerte sie sich.

Zwar war aller Anfang schwer, aber mit ihrer vielseitigen, inhaltsreichen Ausbildung, die ihren Anlagen voll entsprochen hatte, ihrer sprühenden und schier unerschöpflichen Energie und Schaffensfreude fühlte Gräfin Sonja alsbald festen Grund unter den Füßen. Sie gewann zusehends an Sicherheit und Erfahrung, setzte sich durch und leitete mit geschickter und straffer Hand das Wirtschaftsunternehmen Mainau. Graf Lennart beobachtete »hinter den Kulissen« das Wirken seiner Frau und war sehr stolz auf seine Sonny, wie er sie liebevoll zu nennen pflegt.

Auch wenn es eine kluge Eheschließung war, die sich in erster Linie auf die Fortführung des Unternehmens Mainau begründete, so war es auch die Liebe, die beide zusammenführte und zusammenschweißte. Graf Lennart: »Wir sind so wahnsinnig glücklich zusammen. Immer noch. Es ist unglaublich, was das für eine Liebe ist!« Gerührt ergriff er in diesem Moment die Hand seiner neben ihm sitzenden Frau und streichelte sie.

Gräfin Sonja und Graf Lennart haben, wie sie bekunden, oft über Liebe diskutiert und sich gefragt, was Liebe eigentlich ist. Gräfin Sonja beantwortete diese Frage für sich: »Wichtig für die Liebe von zwei Menschen ist, dass die Lebenserfüllung stets im Gleichklang steht. Die Tragik in vielen Partnerschaften ist, dass sich die Partner auseinander leben, dass sie ab einem bestimmten Zeitpunkt nicht mehr in denselben Zielen ihre Lebenserfüllung sehen und sie plötzlich auseinander driften. Mein Mann und ich dagegen haben eine gemeinsame Lebenserfüllung und entwickeln diese ständig weiter, das verbindet uns enorm und hält unsere Beziehung lebendig.«

30 Jahre gemeinsames Lebensglück hat Gräfin Sonja und Graf Lennart zu reichen Menschen gemacht. Sie sind dankbar für jeden gemeinsamen Tag, jedes gemeinsame Jahr. Es gab keine speziellen Komponenten, die sie besonders glücklich gemacht haben, sondern es waren viele verschiedene Dinge, Vertrauen, Kameradschaft, Zuneigung, Zärtlichkeit.

Graf Bernadotte nutzte die Gelegenheit unseres gemeinsamen Gespräches, um seiner Frau eine Liebeserklärung zu machen: »Sonny hat mich so reich gemacht und macht es auch heute noch jeden Tag. Ich bin so glücklich mir ihr. Es passt alles bei uns. Es ist wie ein Puzzlespiel: Die Dinge fallen ineinander und das ergibt schließlich ein ganzes Bild.« Der Glanz in seinen Augen zeigte, dass seine Worte aus der Tiefe seines Herzens kamen.

Das Ehepaar Bernadotte führt kein beschauliches Alltagsleben, sondern ist häufig getrennt, da Gräfin Sonja auf Grund ihrer Arbeit und diverser Ehrenämter eine Vielzahl von auswärtigen Terminen wahrzunehmen hat. Zuletzt war sie drei Wochen in Amerika unterwegs. Eine Entfremdung zu ihrem Mann tritt jedoch nie auf. »Wir haben eine sehr innige Verbindung, die uns zusammenhält«, betonte sie. Es ist eine wichtige Vorstellung für mich, wenn ich unterwegs bin, dass es mit meinem Mann ein Zentrum gibt, denn das vermittelt mir Geborgenheit und Stabilität. Durch seine bloße Anwesenheit regelt er so vieles im Unternehmen, in der Familie und im Freundeskreis.«

Während der Abwesenheit von Gräfin Sonja kümmert sich die älteste Tochter aus erster Ehe von Graf Lennart, Gräfin Birgitta, um den Vater. »Sie betreut mich ständig, sodass Sonny beruhigt sein kann, dass ich nicht allzu große Dummheiten mache«, sagte der Inselherr mit verschmitzter Miene.

Graf und Gräfin Bernadotte sind sich darin einig, dass eine Ehe auch davon lebt, dass man dem anderen immer wieder einmal seine Liebe zeigt, in Form von Gesten, Worten und kleinen Geschenken. Er bekundet ihr seine Liebe beispielsweise mit einem Strauß Rosen, den er ihr nach einer langen Reise schenkt. Sie schenkt ihm ihre Liebe und Kraft mit den Worten: »Mein Mann ist mein Zentrum und wird es immer bleiben!«

Gräfin Sonja bezeichnet es als ein Geschenk, dass ihr Mann noch bei ihr ist. Sie weiß, dass jeder Tag kostbar ist, an dem sie mit ihm beisammen sein darf. Sie ist gedanklich darauf eingestellt, dass sie einmal allein sein wird. Dieser Gedanke tut ihr schon heute weh. Aber sie tröstet sich mit der Vorstellung, dass es auch junge Frauen gibt, die ihren gleichaltrigen Mann durch Unfall oder Krankheit verlieren und von einem Tag auf den anderen allein sind. »Es gibt keine Garantie, dass zwei Menschen ein Leben lang beisammen sind. Deshalb sollte man jeden Tag, an dem man zusammen ist, genießen, denn man weiß nie, was morgen kommt!«

Graf Lennart und Gräfin Sonja sind dankbar und glücklich über ihre stabile und harmonische Beziehung, die ihnen geholfen hat, so manche Klippen in ihrem Leben zu bewältigen. Das alles verbindende Band zwischen ihnen war und ist die Mainau, der ihre ganze Liebe, Kraft und Hingabe gilt. Gräfin Sonja: »Es ist wunderbar, zu wissen, dass ich einen Ehepartner an meiner Seite habe, der mich in meiner ganzen Arbeit wahrnimmt und begleitet. Mein Mann verfolgt mit Interesse, was ich tue, und ich kann mich jederzeit mit ihm über alles austauschen. Auf diese Weise befinden wir uns beide in einem fortlaufenden gemeinsamen Lebensprozess, und das ist für mich etwas sehr Wichtiges.«

So wie Graf Lennart Interesse an den Aktivitäten seiner Frau hat, zeigte sie stets Interesse an den seinen. Bei ihm war es die Fotografie, die ihn ein Leben lang fasziniert hat. Bereits mit sieben Jahren bekam der kleine Prinz seinen ersten Fotoapparat geschenkt und knipste alles, was ihm vor die Linse kam. Aus der kindlichen Knipserei wurde eine Leidenschaft und später sogar ein Beruf. Viele Familienbilder, aber auch Postkartenmotive von der Mainau stammen von ihm selbst. Daneben schoss er Bilder von seinen zahlreichen Reisen. In seinem Studio experimentierte Graf Lennart geduldig und konsequent mit Beleuchtung und Belichtung, mit Licht und Schatten. Grundlage seiner durch Ausstellungen überall in der Welt bekannten Makrofotografien bildet die genaue Kenntnis von Pflanzen in Form und Farbe, von Lichtdurchlässigkeit und Reflexion.

Immer wenn Graf Lennart eine besonders schöne Einstellung hatte, pflegte er seine Frau mit den Worten zu rufen: »Komm, komm, das musst du sehen!« Und sie ließ es sich nicht nehmen, tatsächlich zu kommen.

Um seine Frau dazu zu animieren, selbst mehr zu fotografieren, schenkte er ihr im Laufe der Jahre fünf Kameras, jedoch ohne Erfolg. Gräfin Sonja scherzhaft: »Mit so einem Profi in der Familie traut sich doch keiner zu fotografieren! Außerdem gab es für mich gar keine Veranlassung, zu fotografieren. Ich fand, dass mein Mann das toll macht! Ich habe sein Interesse geteilt, aber von Tiefenschärfe und Brennweite und so weiter hatte ich einfach zu wenig Ahnung. Ich habe mir aber gerne seine Makrofotos angeschaut.«

Ein weiteres Interesse des Inselherrn ist die Kosmologie. Zur Zeit liest er ein Buch von Stephen Hawking – jeden Tag einige Seiten, damit es nicht zu anstrengend wird. Gräfin Sonja hat dieses Gebiet, wie sie sagt, »bisher noch nicht angefasst«. Auf Grund ihres intensiven Berufslebens hatte sie bisher noch nicht die nötige Ruhe und Muße, sich in den Bereichen, die sie interessieren, weiterzubilden. Die wenige Freizeit, die sie hat, verbringt sie lieber mit Radfahren, Wandern oder sportlichen Aktivitäten.

Früher hat sie manche Radtouren mit ihrem Mann zusammen gemacht, aber seit sein Aktionsradius erheblich eingeschränkt ist, führt sie ihre Radtouren alleine durch. Graf Lennart erinnerte sich in diesem Zusammenhang an die gemeinsamen Radtouren von Rodenkirchen nach Köln, wo sie gelegentlich zu Empfängen eingeladen waren: »Das Personal vom Botschafter hat ganz schön verdutzt geschaut, wenn Graf und Gräfin Bernadotte von der Insel Mainau per Fahrrad zu ihnen kamen!«

Beide vertreten die Ansicht, dass die Partner in einer Ehe unbedingt auch ihre eigenen Freiräume haben sollten. »Wenn man zu eng aufeinander sitzt und keiner mehr Luft zum Atmen hat, kann es sehr strapaziös werden«, meinten sie und betonten, dass es bei ihnen immer genügend Freiräume gegeben hat, schon allein durch die unterschiedlichen Aufgabenbereiche und Interessen.

Gräfin Sonja ist mit Leib und Seele Managerin der Insel Mainau – eine Aufgabe, an der sie, wie sie immer wieder betont, »eine Riesenfreude hat«. In einem Artikel der Broschüre »Mainau-Inselpost 2002« heißt es dazu: »Sie ist Mainau durch und durch. Wo immer sie geht und steht, denkt sie Mainau, spricht sie über die Mainau und verkörpert Mainau mit jeder Faser ihrer Persönlichkeit.« Ihre vielfältigen Aufgaben und ihre zahlreichen ehrenamtlichen Tätigkeiten halten sie in ständiger Bewegung. So ist sie beispielsweise seit 1982 Präsidentin der Deutschen Gartenbau-Gesellschaft 1822 e.V., seit 1987 Präsidentin des Kuratoriums für die Tagungen der Nobelpreisträger in Lindau und Präsidentin des Europäischen Kulturforums Mainau seit seiner Gründung im September 1998. Für ihre Verdienste um das Gemeinwohl wurde Gräfin Sonja mit hohen Ehrungen gewürdigt, unter anderem mit dem Bundesverdienstkreuz erster Klasse.

Die Thematik »Mainau« ist im Hause Bernadotte allgegenwärtig und Privates und Geschäftliches fließen manchmal unmerklich ineinander über. Wenn das Geschäftliche das Privatleben zu sehr beeinflusst, kann es schon vorkommen, dass Graf Lennart und die Kinder zu Gräfin Sonja sagen: »Nun hör doch endlich einmal damit auf. Es gibt doch auch noch etwas anderes!« Dann ist sie nicht böse über diese Worte, sondern empfindet es als wohltuend, dass die Familie sie bremst.

Was fasziniert sie heute, nach 30 Jahren Ehe, immer noch aneinander oder vielleicht noch mehr aneinander als früher? Während Graf Lennart auf unsere Frage meinte: »Alles. Das ganze Glück!«, antwortete Gräfin Sonja: »Dass mein Mann an allem interessiert ist, dass er sich immer gemeinsam mit mir in die Dinge hineindenkt und alles mitbegleitet. Ich finde es einfach unglaublich faszinierend, dass er sich trotz seines Alters immer noch mit- und weiterentwickelt. Das hat unsere Beziehung sehr bereichert.«

Graf und Gräfin Bernadotte sind sich der Verantwortung, die man als Eltern hat, bewusst. Sie haben deshalb immer Wert darauf gelegt, ihren fünf Kindern zu zeigen und vorzuleben, was es heißt, eine gut funktionierende Ehe zu führen. Sie haben ihnen das notwendige Rüstzeug mitgegeben – nicht nur in der Theorie, sondern vor allen Dingen im praktischen Beispiel. »Wir haben ihnen zwei wichtige Dinge mitgegeben: ein harmonisches Zuhause und eine gute Ausbildung, nun müssen sie ihren eigenen Weg finden.« Gräfin Sonja wies bei dieser Gelegenheit darauf hin, dass nun, da die Kinder erwachsen sind, das Feedback von ihnen kommt. »Aus diesem Feedback spüre ich ganz deutlich, dass sie uns, also ihre Eltern, all die Jahre sehr gut beobachtet haben und sich auch so manche unserer Eigenschaften und Ansichten angeeignet haben, auch wenn sie das nicht gerne zugeben.«

Auf unsere Frage, was in ihrer langen Ehe das schönste Ereignis war, das sich ihnen unvergesslich eingeprägt hat, antwortete Gräfin Sonja nach kurzem Überlegen: »Für mich war zweifelsohne das größte Erlebnis, als mich mein Mann am 6. Mai 1972 im Palmenhaus seinen Freunden als Gräfin Sonja vorgestellt hat. Insbesondere auch deswegen, weil ich dieses Ereignis selbst vorbereitet habe. Dann zählen natürlich auch die Geburten unserer Kinder zu den schönsten Erlebnissen in meinem Leben.«

Graf Lennart ergriff sodann das Wort und meinte: »Etwas, das ich mit meiner Frau immer ganz besonders genossen habe, waren die gemeinsamen Zugfahrten. Wir fuhren ja früher öfters mit dem Zug nach Bonn und Köln, wo wir viel zu tun hatten. An diese gemütlichen Zugfahrten erinnere ich mich sehr gerne, denn dann hatte ich meine Frau immer ganz für mich. Das war herrlich!«

Graf und Gräfin Bernadotte hat die Liebe auf den zweiten Blick zusammengeführt, die Liebe auf den ersten Blick gehörte der Mainau und gehört sie noch immer. Diese große Liebe hat ihre persönliche Liebe genährt. Sie war und ist der Quell ihres gemeinsamen Glücks. Sie hatten stets ein gemeinsames Ziel und darauf hingearbeitet, dieses Ziel weiterzuentwickeln. Dadurch gab es niemals Stillstand und Langeweile in ihrer Ehe, sondern kontinuierliches Wachstum, Entwicklung und Lebendigkeit. Es war ein fortlaufender Prozess, der für beide sehr spannend war. Das gemeinsame Ziel hat ihnen dabei geholfen, alle Klippen in ihrer Ehe zu umschiffen und zu bewältigen.

Graf Lennart und Gräfin Sonja hatten und haben auch heute noch ein sehr intensives und erfülltes gemeinsames Leben, in dem er, wie sie sagt, »ihr Zentrum« ist, während er sie mit liebevollen Worten als »den hell leuchtenden Stern in meinen reifen Jahren« bezeichnet.

(Dieses Porträt entstand auf der Grundlage eines gemeinsamen Gesprächs mit Graf Lennart und Gräfin Sonja Bernadotte. Die Autorinnen danken ihnen für das aufschlussreiche und anregende Gespräch.)

Rezept für eine glückliche Ehe

Günther Jauch: »Bei uns geht es überwiegend harmonisch zu. Ich bin zwar keiner, der den ganzen Tag Händchen haltend durch die Wohnung marschiert, aber die schlimmen Krisen sind uns bislang erspart geblieben. Konflikte werden bei uns relativ praktisch bereinigt, ohne sich dabei in großen Krisenkonferenzen zu ergehen. Wenn Sie vier Kinder haben, dann haben Sie gar nicht mehr die Zeit, sich mit sich selber und Ihren Befindlichkeiten zu beschäftigen. Da müssen Sie sehen, dass der Betrieb läuft und dass keiner überschnappt.«

(Auszug aus dem Interview »Der Quiz-König ganz privat« in SUPER ILLU Online)

Günther Jauch und Thea Sihler
TV-Moderator
(leben seit 1987 zusammen, 4 Töchter, 2 eigene, 2 adoptiere)

Wolfgang & Elisabeth Grupp

Der Unternehmer Wolfgang Grupp ist ein Mann, der genau weiß, was er will und was nicht. Wer sich mit ihm unterhält, stellt schnell fest, dass es sich bei dem gut aussehenden, schlanken und jugendlich wirkenden Mann um eine starke Persönlichkeit mit festen Prinzipien handelt. Er ist sicherlich nicht der Typ, der Kompromisse eingeht. Ob als Unternehmer, Ehemann oder Vater – er wirkt wie eine Eiche, die fest im Boden verwurzelt ist und die schützend ihre Äste über diejenigen breitet, die sich in seinem Umfeld befinden.

Seit seinem 27. Lebensjahr ist Wolfgang Grupp (geboren 1942) Inhaber und Geschäftsführer der Firma TRIGEMA im schwäbischen Burladingen, die im Jahre 1919 von seinen Großeltern gegründet worden war. Mit der Übernahme des Betriebes im Jahr 1969 funktionierte der zielstrebige und vorausblickende Jungunternehmer die Produktion um: Fortan wurde statt Unterwäsche Oberbekleidung, insbesondere T-Shirts, produziert. Seine Unternehmensumwandlung erwies sich als erfolgreich: Es gelang ihm nicht nur, den Umsatz von 8,5 Millionen Euro im Jahr 1969 auf 81 Millionen Euro im Jahr 2001 zu erhöhen, sondern TRIGEMA auch zu einer der bekanntesten deutschen Marken zu entwickeln. Wolfgang Grupp ist stolz darauf, dass er seit der Firmenübernahme bis dato kein Geschäftsjahr mit Verlust abgeschlossen hat. Er ist ein vorbildlicher und von seinen Mitarbeitern hoch geschätzter Unternehmer, der es als seine Pflicht ansieht, seinen 1200 Mitarbeitern einen sicheren Arbeitsplatz zu gewährleisten und sie in die TRIGEMA-Betriebsfamilie zu integrieren.

Bereits als junger Unternehmer wurde Wolfgang Grupp von festen Grundsätzen geleitet – sowohl im privaten wie im geschäftlichen Bereich. Als die Jahre voranschritten und er immer noch Junggeselle war, wurde er von so manchen Mitmenschen gefragt: »Wann heiratest du endlich?« Auf diese Frage pflegte er stets zu antworten: »Erst dann, wenn ich die Richtige finde.«

Wolfgang Grupp träumte von der idealen Ehe, in der alles stimmt: eine Frau, auf die er stolz sein konnte, brave Kinder, die er herzeigen konnte, ein gemeinsames, beschauliches Eheleben. Er wollte keine Kompromisse eingehen und irgendeine Frau heiraten, die ihm gefiel. »Ich hatte mir nie vorgenommen, meine Frau muss blond oder schwarz sein. Aber was ich mir vorgenommen hatte, war, dass die Werte stimmen mussten. Ich war und bin der Überzeugung, dass gemeinsame Werte das Fundament für eine glückliche Ehe bilden. Und nur wenn die Basis stimmt, kommt es nicht irgendwann zum Auseinanderdriften der Partner.«

Obwohl es Wolfgang Grupp nie an Frauenbekanntschaften mangelte, ließ er sich nicht vom Strohfeuer der Verliebtheit überwältigen, sondern blieb in all seinen Beziehungen stets diszipliniert und überlegen. Intuitiv hoffte er, dass er eines Tages die Richtige treffen würde.

Seine Intuition sollte ihn nicht trügen. Im Mai 1986 wurde Wolfgang Grupp von einem Jagdfreund auf eine Auerhahnjagd in die Steiermark eingeladen. Bei dieser Gelegenheit lernte er auch Herrn von Holleufer aus Treglwang kennen, der ihm nicht nur seine beeindruckende Hirsch-Trophäen-Sammlung zeigte, sondern auch sein hübsches Töchterchen. Elisabeth von Holleufer (geboren 1966) studierte zu jener Zeit Medizin in Graz und war das, was man allgemein als »Tochter aus gutem Hause« bezeichnet. Wolfgang Grupp: »Meine Frau war ein wohl erzogenes, braves Mädchen, das noch ganz in der Obhut der Eltern stand. Und sie war die Frau, die ich mir im Prinzip vorstellte – nicht nur als Freundin, sondern auch als Mutter meiner Kinder.«

Wieder in Deutschland zurück, bedankte sich Wolfgang Grupp bei Herrn von Holleufer für den schönen Nachmittag und fügte der Tochter des Hauses einen Jogging-Anzug bei. Zu seiner Enttäuschung hörte er jedoch von Elisabeth nichts. So rief er bald darauf Herrn von Holleufer an und fragte ihn, ob er seine Tochter einmal zu einer schönen Angelegenheit in Deutschland einladen dürfte. Dieser gab zur Antwort: »Da müssen Sie sie schon selbst fragen.« Und so suchte Wolfgang Grupp eine schöne Einladung aus, die er Elisabeth von Holleufer zuschickte. Sie nahm zu seiner Freude an und so sahen sich die beiden das erste Mal im Juni 1986 in Deutschland.

Elisabeth und Wolfgang Grupp erinnern sich noch an das erste Zusammentreffen, als sei es erst gestern gewesen. »Nachdem meine Frau bei mir in Burladingen im Gästehaus übernachtet hatte, fuhren wir am nächsten Tag mit dem Wagen nach Bonn zur geplanten Geburtstagsfeier meines Freundes«, berichtet Wolfgang Grupp.

»Ich weiß noch sehr gut, dass an diesem Tag die Sonne vom Himmel brannte«, so Elisabeth Grupp mit heiterer Miene. »Dem Fahrer rann der Schweiß unter der Mütze und auch mir wurde im geschlossenen Wagen zunehmend heiß. So fragte ich Herrn Grupp: »Haben Sie keine Klimaanlage?« Er bejahte zwar, fügte dann aber sofort bestimmt hinzu: »Fräulein von Holleufer, das geht nicht. Zug ist ungesund.« Als ich ihn kurze Zeit später bat, doch wenigstens das Schiebedach aufzumachen, bekam ich wiederum von ihm zu hören, dass auch das offene Schiebedach Zug verursache. Es war eine Tortur im heißen Wagen und dazu noch im Stau. Die Fahrt gipfelte darin, dass sich mein Mann furchtbar aufregte, als sich herausstellte, dass der Fahrer das Necessaire meines Mannes nicht eingepackt hatte. Ich versuchte meinen Mann zu besänftigen und meinte, dass das nicht so schlimm sei und er sich die Sachen doch in Bonn kaufen könne. Mein Mann aber blieb stur und sagte: ›Ohne mein Necessaire gehe ich nicht auf das Fest.‹ So mussten wir bei der Hitze wieder zurückfahren, bis wir auf halber Strecke einen weiteren Fahrer meines Mannes trafen, der ihm das Necessaire übergab. Ich sehnte mich nach dem stundenlangen Schwitzen nach einer Pause und einer Erfrischung, aber auch damit wurde es nichts. So sagte ich etwas genervt zu meinem Mann: ›Herr Grupp, sagen Sie mal, schwitzen Sie eigentlich nie?‹, woraufhin er mich mit einem verächtlichen Blick ansah und meinte: ›Ein disziplinierter Mann schwitzt nicht!‹«

Elisabeth und Wolfgang Grupp amüsieren sich sehr, wenn sie an ihr erstes Zusammentreffen denken, das unter einem so ungünstigen Stern stand. Als Elisabeth von Holleufer nach dem Fest nach Granz zurückkehrte, gab sie auf die Frage ihrer Großeltern, wie denn der Verehrer so gewesen sei, zur Antwort: »Ich habe noch nie einen solchen Spinner kennen gelernt!« Dass sie den »Spinner« einmal heiraten würde, daran dachte sie damals nicht im Traum.

Wolfgang Grupp war von der jungen, hübschen Österreicherin sehr angetan und lud sie einige Wochen später in sein Jagdhaus im Allgäu ein.

Elisabeth von Holleufer reiste mit ihrer Mutter und dem festen Vorsatz an, sofort abzureisen, wenn es wieder zu einem ähnlichen Vorfall käme. Doch dieses Mal zeigte sich Wolfgang Grupp von seiner charmanten und umgänglichen Seite und so blieben Mutter und Tochter, statt wie beabsichtigt einen Tag, eine ganze Woche lang zu Gast in seinem Haus.

Sowohl Elisabeth wie auch Wolfgang Grupp betonen, dass es bei ihnen keine Liebe auf den ersten Blick war. »Liebe auf den ersten Blick kann es nicht geben, denn die muss wachsen«, so Wolfgang Grupp mit fester Stimme. »Liebe auf den ersten Blick ist nicht selten eine Meinung, verursacht durch eine Begierde, die man empfindet. Wird diese Begierde nicht erfüllt, denkt man, man sei noch stärker verliebt – wie das so ist, wenn man etwas will und es nicht bekommt. Hat man es dann bekommen, ist die Verliebtheit oft schnell vorbei.«

Bis Elisabeth von Holleufer und Wolfgang Grupp schließlich doch zueinander fanden, kam es noch zu etwas, was man als »der Widerspenstigen Zähmung« bezeichnen könnte. Der Unternehmer, der es gewohnt war, den Ton anzugeben, musste es erleben, dass ihm Elisabeth von Holleufer, wenn er mit ihr telefonierte und ihr etwas nicht passte, einfach den Hörer auflegte oder dass sie von ihm Dinge verlangte, die seinen Vorstellungen widersprachen. »Sie wollte zum Beispiel, dass ich sie im Winter bei heftigem Schneefall vom Flughafen oder Bahnhof in München abholte, wenn wir uns in meinem Jagdhaus im Allgäu verabredet hatten. Ich aber wollte nicht und meinte, dass sie ebenso gut mit dem Zug fahren könnte. Sie aber ließ nicht locker, bis sie ihren Willen durchsetzte. Das hat mich ganz schön genervt«, so Wolfgang Grupp.

Als es ihm zu bunt wurde, zog er sich zurück und ließ sechs Wochen lang nicht von sich hören. Ob es diese Taktik war, die bei Elisabeth von Holleufer zum Sinneswandel führte, oder ob es die Beendigung ihres Vorklinikums war, auf das sie sich intensiv vorbereitet und das sie zwischenzeitlich erfolgreich abgeschlossen hatte, darüber lässt sich streiten. Jedenfalls erlebte Wolfgang Grupp, als er sich nach sechs Wochen wieder meldete, ein völlig neues Wesen.

»Ich nahm sie zu einer schönen Einladung mit und stellte fest, dass sie wie verwandelt war«, berichtet Wolfgang Grupp. »Sie lehnte sich nicht mehr auf, war zugänglich und nett. Bis dahin war sie es gewohnt gewesen, ihren Kopf durchzusetzen und das zu bekommen, was sie wollte. Und nun hatte sie das erste Mal einen Mann getroffen, der ihr sagte: ›Mit mir nicht!‹ Die sechs Wochen haben ihr sicherlich zu denken gegeben. Als ich sie auf dem Fest so beobachtete, dachte ich mir: ›Wenn sie das ist, was sie hier verspricht, dann könnte ich mir vorstellen sie zu heiraten.‹«

Wolfgang Grupp rät jedem jungen Mann, bevor er eine Frau heiratet, genau hinzuschauen und darauf zu achten, wie die Schwiegereltern miteinander umgehen und wer in der Ehe den Ton angibt. »Dann kann man als Mann gleich die Weichen richtig stellen«, so sein Kommentar. Er ist der festen Überzeugung, dass jede Frau sich danach sehnt, zu ihrem Mann aufblicken zu können. »Keine Frau möchte einen Mann, der nur das tut, was sie will«, so Wolfgang Grupp. »In einer Ehe sollte es nicht so sein, dass die Frau durch die Wohnung stampft und zeigt, wer der Herr im Haus ist. Wenn ich ein Ehepaar sehe, wo sie die Emanze spielt, dann weiß ich, dass die Ehe sicher nicht einfach ist oder der Ehemann eben diese Führung braucht.«

Nach Ansicht von Wolfgang Grupp sollte man bei der Wahl des richtigen Ehepartners genau überlegen, denn schließlich gehe es nicht nur um eine paar schöne Jahre, sondern um einen Bund fürs ganze Leben. Der Mann sollte darauf achten, nicht eine Frau zu heiraten, derer er sich irgendwann schämen müsse, und ebenso umgekehrt.

Kurz nachdem Elisabeth von Holleufer das Physikum beendet hatte und Wolfgang Grupp für sich den Entschluss gefasst hatte, sie zur Ehefrau zu nehmen, stellte er ihr die Frage: »Mäuschen, wie ist das nun: Studierst du weiter oder heiraten wir?« Elisabeth von Holleufer entschied sich dafür, den 46-jährigen Junggesellen zu ehelichen. So fand am 25. Juni 1988, ihrem 22. Geburtstag, die Hochzeit in Burladingen statt.

Das unvergessliche Ereignis haben Wolfgang und Elisabeth Grupp in einer 14-seitigen Hochglanz-Broschüre festgehalten, die an alle Beschäftigten der TRIGEMA-Werke, Freunde und Verwandte verschenkt wurde. Die zahlreichen Fotos in der Broschüre vermitteln dem Betrachter einen anschaulichen Eindruck von dem glücklichen Ereignis. Die strahlend schöne Braut in einem weißen Kleid mit Spitzenoberteil, die blonden Haare hochgesteckt, mit einem Diadem auf dem Kopf, der Bräutigam elegant in Cut und sichtbar glücklich und stolz an ihrer Seite. In seiner Hochzeitsansprache sagte Wolfgang Grupp an seine Frau gewandt: »Ich habe lange auf diesen Tag gewartet. Du hast mich mit dieser deiner Entscheidung aus dem Dunkel meines Lebens, das für viele so erfüllt, so glanzvoll schien, herausgeholt. Ich hatte Träume, doch sie waren so fern der Wirklichkeit. Ich hatte Erfolg, doch niemand, der ihn mit mir teilte; Freude, doch niemand, der sich mit mir freute, Einsamkeit, doch niemand, der sie mir nahm, Sehnsucht nach Liebe, doch niemand, der sie mir schenken wollte. Meine liebe Elisabeth! Du hast nun heute alle meine Träume und Wünsche erfüllt.«

Fragt man Elisabeth Grupp, was sie an ihrem Mann von Anfang an geschätzt hat und auch heute noch schätzt, dann muss sie nicht lange überlegen, sondern gibt mit einem leisen Lächeln zur Antwort: »Mein Mann bietet sehr viel Geborgenheit, Liebe und Wärme, er ist beredt, dynamisch und witzig, das liebe ich an ihm. Wer ihn erlebt, wer sieht, wie er mit seinen Mitarbeitern umgeht, welches Umfeld er sich geschaffen hat, wie positiv er denkt, der fühlt sich davon einfach angesprochen. Trotz des Altersunterschieds von 24 Jahren sind wir eine sehr junge Familie und haben viel Spaß miteinander. Ganz egal wo wir auf der Welt sind, mein Mann versucht es uns überall gemütlich zu machen. Er ist ein Mensch, auf den ich mich hundertprozentig verlassen kann.«

Für Wolfgang und Elisabeth Grupp stand von Anfang an fest, dass sie nicht nur Hausfrau sein, sondern auch im Unternehmen mitarbeiten sollte. Wolfgang Grupp: »Ich sagte mir immer: Wir müssen gemeinsam Erfolg und Misserfolg haben oder am Abend nach einem anstrengenden Tag gemeinsam müde sein. Ich wollte nie, dass meine Frau einen anderen Beruf ausübt und sie mir dann von ihrem Berufsleben erzählt und ich ihr von meinem, aber keiner den anderen richtig versteht.«

Auch wenn feststand, dass Elisabeth Grupp in der Firma TRIGEMA mitarbeiten sollte, so war anfangs dennoch unklar in welchem Bereich. Elisabeth Grupp erinnert sich: »In einer gemeinsamen Besprechung mit leitenden Mitarbeitern wurde unter anderem die Leitung der Werbeabteilung vorgeschlagen, mein Mann wollte dann aber, dass ich den Aufbau unserer Testgeschäfte, der gerade am Anfang war, übernehmen sollte.«

Als Elisabeth Grupp diesen Bereich übernahm, hatte die Firma TRIGEMA fünf Testgeschäfte, heute sind es 35. Dreißig Testgeschäfte hat sie im Laufe von 14 Jahren selbstständig aufgebaut, ausgestattet und eröffnet. Alle Testgeschäfte werden heute von ihr betreut, auch in Sachen Personalentscheidungen. Dieser Aufgabenbereich machte und macht ihr nicht nur viel Freude, sondern brachte ihr auch die Anerkennung von lang eingesessenen Mitarbeitern ein, die am Anfang nur ein mildes Lächeln für sie übrig hatten. Sie bezeichnet es als großes Glück, dass sie sich diese Position mit Unterstützung ihres Mannes in der Firma aufbauen konnte.

Wolfgang Grupp zweifelte nie daran, dass seine Frau mit ihrer Tätigkeit Erfolg haben würde. »Wir haben gemeinsam die Weichen dafür gestellt. Wenn es nicht geklappt hätte, wäre nicht meine Frau die Schuldige gewesen, sondern auch ich, denn dann hätte ich mir sagen müssen, dass ich nicht genug dazu beigetragen habe, damit die Sache erfolgreich wird. Wenn meine Frau etwas macht, das ich nicht für gut befinde, dann sprechen wir zusammen darüber und korrigieren das. Wir treffen keine Einzelentscheidungen, sondern gemeinsame Entscheidungen.«

Was für das Unternehmen zutrifft, gilt auch für das Privatleben. Auch hier, darin stimmen Elisabeth und Wolfgang Grupp überein, kann es nur funktionieren, wenn man alles anspricht, ausdiskutiert und die Funktionen und Arbeiten teilt. Beide Partner müssen in einer Beziehung rechtzeitig erkennen, wo etwas falsch läuft und wo nicht. Wolfgang Grupp: »So muss ich als Mann rechtzeitig erkennen, ob meine Frau unzufrieden ist mit unserem privaten Bereich, aber auch sie muss erkennen, ob ich unzufrieden bin. Das ist eine gegenseitige Aufgabe, für die nicht nur einer zuständig ist, sondern beide gemeinsam.«

Elisabeth und Wolfgang Grupp bezeichnen sich als Einheit, die mit den Jahren fest zusammengewachsen ist. Sie teilen ihr Privatleben miteinander, gehen am liebsten gemeinsam auf Einladungen und sie sitzen auch in der Firma, gemeinsam mit den übrigen 32 Verwaltungsangestellten, in einem modernen Großraumbüro, das ganz in Weiß und Blau gehalten ist.

Lässt sich bei solcher Nähe das Privatleben vom Geschäftsleben noch trennen? Elisabeth Grupp: »Bei uns ist es nicht so, dass wir sagen: ›Jetzt ist die Türe zu und nun beginnt das Privatleben.‹ Wir sprechen auch zu Hause noch geschäftliche Angelegenheiten durch, wenn es sein muss durchaus bis halb elf Uhr nachts, bis wir ins Bett gehen. Als Frau erwarte ich von meinem Mann, dass er mich in der Firma so behandelt, wie er jeden Angestellten auch behandeln würde. Wenn man so eng im Unternehmen zusammenarbeitet, darf man als Frau keine Mimose sein, sondern man muss auch kritikfähig sein. Das habe ich lernen müssen.«

Zwei Kinder wurden Elisabeth und Wolfgang Grupp geboren: Am 8. Oktober 1989 Tochter Bonita und am 25. April 1991 Sohn Wolfgang. Nach der Geburt des zweiten Kindes entstand bei Elisabeth Grupp der Wunsch, sich ein Jahr vom Geschäftsleben zurückzuziehen, um sich verstärkt um die Kinder kümmern zu können. »Mein Mann aber wollte nicht auf mich verzichten«, berichtet Elisabeth Grupp, »und sagte: ›Mäuschen, du bekommst das beste Kindermädchen der Welt, aber bleib doch bitte bei mir in der Firma.‹ Ich war sehr gerührt über seine Worte, denn sie zeigten mir, wie sehr er mich in meiner Arbeit anerkennt und schätzt. Viele Menschen sagen: ›Arbeit trennt‹, aber bei uns war das nie so, Gott sei Dank.«

Trotz eines intensiven Geschäftslebens hatten die Eltern immer Zeit für ihre Kinder und ein erfülltes Familienleben. Elisabeth Grupp führt dies darauf zurück, dass ihr Mann schon älter war und sein Unternehmen bereits aufgebaut hatte. Wolfgang Grupp ergänzt diese Ansicht seiner Frau mit der Feststellung, dass man als Mann und Vater auch im Aufbau Zeit haben kann. »Wenn Männer sagen, dass sie von morgens sechs Uhr bis abends um zehn Uhr in der Firma sind, dann stimmt das sowieso nicht. Meistens haben sie neben ihrer Arbeit noch viele sinnlose Dinge zu tun, die ausschließlich ihrem Prestige dienen und mit ihrem eigentlichen Job oder Beruf nichts zu tun haben. Da für mich so etwas nicht in Frage kommt, habe ich auch immer Zeit für meine Familie.«

Viele Ehen in gehobenen Kreisen gehen nach Ansicht von Elisabeth und Wolfgang Grupp zu Grunde, weil die Frauen keine richtige Aufgabe haben und sich nicht gebraucht fühlen. Während der Mann als Unternehmer tätig ist, sitzen viele Frauen in ihren Villen, umgeben von Personal, das ihnen die Arbeit abnimmt, und sind unausgefüllt und unzufrieden. Elisabeth Grupp: »Man kann nicht immer zum Einkaufen nach Paris oder London fliegen. Bei so einem Leben verliert man irgendwann die Bodenhaftung. Da wird einem eine Welt vorgegaukelt, die zwar für einen Abend mal schön ist, aber in dieser Welt ist man irgendwann einmal sein eigener Gefangener. Was dann entsteht, ist eine tiefe Unzufriedenheit, die sich sehr nachteilig auf eine Beziehung auswirkt.«

Wolfgang und Elisabeth Grupp haben stets darauf geachtet, die Bodenhaftung nicht zu verlieren. Sie sind weder Society- und Partymenschen, noch gehören sie zu der Sorte Prominenz, die ständig in den Magazinen abgelichtet ist. Sie nehmen gerne private Einladungen wahr, aber sie gehen so gut wie nie auf öffentliche Einladungen. Wolfgang Grupp: »Man will schöne Stunden erleben, aber man will letztendlich sagen können, dass man eine Aufgabe hat, wo man gebraucht wird. Gebraucht zu werden von der Ehefrau, dem Ehemann, den Kindern. Es gibt nichts Schöneres, als wenn man morgens um sechs Uhr schwimmt, danach gemeinsam schön frühstückt und dann in die Firma geht, wo man gebraucht wird. Dann kommt man am Abend nach getaner Arbeit nach Hause und unterhält sich, trinkt vielleicht ein Glas Wein zusammen und geht anschließend um zehn oder halb elf gemeinsam zu Bett.«

Den ruhigen Abenden und Wochenenden zu Hause in Burladingen oder im Jagdhaus im Allgäu stehen auch so manch kulturelle und kulinarische Einladungen gegenüber. Dann freuen sich Elisabeth und Wolfgang Grupp gemeinsam elegant ausgehen zu dürfen und fahren zum Abendessen nach St. Moritz oder zu einer Opernpremiere nach Salzburg oder Baden-Baden oder zur einer privaten großen Einladung. Wolfgang Grupp genießt es, seine hübsche und aparte Frau auszuführen, die stets die Blicke aller auf sich zieht und im Mittelpunkt steht. Dann ist er stolz, an ihrer Seite zu sein. »Wenn ich eine junge Frau habe, muss ich ihr auch etwas bieten«, sagt er. »Dann darf ich nicht immer wehleidig sein und sagen: ›Heute tut mir das weh und morgen das‹, sondern dann muss ich mich disziplinieren. Ich schwimme und jogge regelmäßig, halte mich gerne in der Sonne auf, nehme keine Pillen oder Medizin und esse die meiste Zeit sehr spartanisch, um fit zu bleiben.«

Elisabeth und Wolfgang Grupp sehen eine große Gefahr darin,

sich in der Ehe gehen zu lassen. Deshalb achten sie sehr darauf, sich auch zu Hause dem anderen immer gepflegt zu zeigen: »Wir würden niemals im Schlafanzug, ungewaschen oder unrasiert am Frühstückstisch erscheinen. Wir sind immer gepflegt, auch am Sonntagmorgen. Dann gehen wir gemeinsam in die Kirche. Danach gibt es ein schönes Frühstück – vorher nicht – und dann sitzen wir gemütlich beisammen. Erst kommt die Pflicht, dann das Vergnügen«, fügt Wolfgang Grupp hinzu.

Was am Anfang einer Ehe als Honeymoon beginnt, muss im Laufe der Jahre zu einer festen Beziehung wachsen, in der man den anderen schätzt, achtet und liebt. Dass dieser Prozess ein großes Stück Arbeit ist, das haben Elisabeth und Wolfgang Grupp erfahren. Aber sie können aus Erfahrung sagen, dass sich die Arbeit lohnt. Die Partner sollten sich niemals durch schwierige Phasen entmutigen lassen, sondern sich vielmehr gemeinsam hinsetzen und überlegen, wo sind die positiven Seiten und wo die negativen des anderen? Anstatt vorschnell faule Kompromisse einzugehen, sollte man die Frage nach dem gemeinsamen Glück stellen. Elisabeth Grupp: »Ich könnte nicht mit einem Mann zusammenleben, mit dem ich nicht mehr glücklich bin. Ich würde eine Ehe dann beenden, wenn ich erkennen müsste, dass sie nur noch ein Scherbenhaufen ist. Ich möchte am Ende meines Lebens sagen können, dass ich glücklich war. Aber für dieses Glück muss ich auch bereit sein etwas tun. Das Glück wird einem nicht auf dem Silbertablett serviert.«

Wolfgang Grupp vergleicht die Ehe mit einem Haus. Wenn man eine solide finanzielle Basis hat, das Haus richtig baut, vorher genaue Überlegungen anstellt und nicht einfach drauflosbaut, dann hat man schließlich das Haus, in dem man ein Leben lang wohnen möchte. »Es kommt darauf an, dass man etwas macht, und zwar etwas richtig macht, denn dann stimmt es auch. Man sollte schon möglichst am Anfang einer Beziehung keine Kompromisse eingehen. Aber genau das wird heute so oft gemacht und genau daran scheitern so viele Ehen.«

Elisabeth Grupp schließt Kompromisse in einer Ehe nicht aus, aber es sollten keine faulen Kompromisse sein. Jeder der Partner müsse gewisse Eigenarten des anderen akzeptieren, wobei die Akzeptanzbereitschaft nicht einseitig sein darf. »Wenn ich als Frau auf den Wiener Opernball gehen möchte und mein Mann aber nicht, dann muss ich das auch akzeptieren. Natürlich könnte ich mich ärgern und mit meinem Partner streiten, aber ich kann genauso gut das Positive an der Sache sehen und mich daran erfreuen.«

Wolfgang und Elisabeth Grupp haben sich angewöhnt, das Positive am anderen zu sehen und sich nicht an Kleinigkeiten zu stören. Sie können es nicht nachvollziehen, warum sich langjährige Partner immer noch über ungute Gewohnheiten des anderen aufregen. »Wenn mich an meiner Frau etwas stört oder sie etwas an mir, dann muss ich das abstellen, und zwar nach Möglichkeit gleich zu Anfang der Ehe. Ich kann nicht nach 15 Jahren Ehe sagen, dass mich dieses und jenes an meiner Frau stört. Dann hatte ich 15 Jahre Zeit, es abzustellen. Wenn ich es bis dahin nicht geschafft habe, ist das sicher nicht gut für eine Ehe«, sagt Wolfgang Grupp bestimmt.

Wie definieren Wolfgang und Elisabeth Grupp ihre Liebe zueinander? »Wir sind ein Ei, eine Einheit, das heißt, wir passen sehr gut zusammen«, so Elisabeth Grupp. »Und solange wir uns als Einheit sehen, meine ich, kann man das auch nicht trennen.« Sie ist sich bewusst darüber, dass ihr Mann gelegentlich eigenwillig und schwierig ist, aber sie sieht an ihm auch so viele positive Seiten, die ihr das Zusammenleben mit ihm zur Freude gereichen lassen.

Wolfgang Grupp definiert die Liebe zu seiner Frau mit der Weisheit eines langen und bewussten Lebens: »Man muss zwischen Liebe und Liebe unterscheiden. Liebe vor der Ehe ist für mich keine Liebe, sondern es ist ein Haben-Wollen. Wenn man dann verheiratet ist, schwächt sich diese Form von ›Liebe‹ ab und es zeigt sich dann die wahre Liebe. Für mich wäre es das Schlimmste, wenn meine Frau nicht glücklich wäre, wenn sie leiden würde, denn dann könnte ich auch nicht glücklich sein. Wenn ich mit meinem Partner mitleide oder mich mit ihm freue, dann ist das Liebe. Meiner Frau eine Freude zu bereiten, ist für mich selbst die größte Freude. Solange ich gerne mit meiner Frau ausgehe oder mich darauf freue, am Abend gemeinsam mit ihr auf unserer Terrasse zu sitzen, und nicht ständig auf die Uhr blicke, weil ich lieber was anderes täte, glaube ich sagen zu können, dass die Basis für das Wort Liebe da ist.«

Viele Ehen scheitern nach Ansicht von Elisabeth und Wolfgang Grupp daran, dass die Partner keine Zeit füreinander haben und sich zu wenig beachten. »Wenn ich als Mann nie Zeit für meine Frau habe, dann muss ich mich auch nicht wundern, wenn sie eines Tages fremdgeht und sich bei einem anderen Mann die Beachtung holt, die ich ihr nicht gebe«, so Wolfgang Grupp. Für ihn ist die Ehe nichts anderes als ein logisches, vernünftiges Zusammenleben. »Wenn die Logik stimmt, stimmt auch die Ehe.«

Elisabeth Grupp könnte sich ein Leben ohne ihren Mann nicht vorstellen und ihr einziger Wunsch besteht darin, dass der Status quo in ihrer Ehe auch in den nächsten Jahren bestehen bleibt. Sie betrachtet jedes glückliche Jahr mit ihrem Mann als ein großes Geschenk. Auch Wolfgang Grupp ist in Bezug auf seine Ehe wunschlos glücklich und sagt: »Wenn ich Wünsche hätte, wäre es um meine Ehe nicht gut bestellt. Wünsche sind dazu da, dass man sie erfüllt. Die Wünsche, die ich habe, kennt meine Frau, und die erfüllt sie mir dann auch. Und ebenso mache ich es umgekehrt.«

Anlässlich ihres 10-jährigen Hochzeitstages haben Wolfgang und Elisabeth Grupp ein großes Fest für Verwandte und Freunde in ihrer Burladinger Villa gegeben und diesen Anlass wiederum in einer 8-seitigen Hochglanz-Broschüre mit vielen Fotos festgehalten. Die beiden Kinder trugen dabei ein von Elisabeth Grupp verfasstes Gedicht vor:

Vor zehn Jahren hat es begonnen,
da hat Papa Mama's Leben in die Hand genommen.
Gab es Ruhe und Gemütlichkeit für sie bis dahin,
so herrscht ab nun Leistung und viel Disziplin.
Doch manchmal streiten auch die beiden,
denn wenn Papa sagt: »Ein Grupp hat immer Recht«,
wird's Mama schlecht.
Als wir dann auf die Welt gekommen,
hat auch Papas Leben eine Wende genommen –
und uns allein ist es zu verdanken,
dass seine Prinzipien manchmal heftig schwanken.
So drückt er oft so manches Auge zu,
wenn es weder Ordnung gibt noch Ruh!
Mit Papa können wir jagen, Ball spielen
und Schokolade essen,
bei Mama werden Musik, Ballett und vor allem

Kuscheln nie vergessen.
Und diejenige, die dies Gedichtchen für uns schrieb,
hat unseren Papa unendlich lieb.

Gemeinsame Liebe und gemeinsames Glück will nicht nur erfahren, sondern auch immer wieder bewusst erlebt und würdig gefeiert werden. Das Schöne zu genießen und das weniger Schöne zu Schönem zu verwandeln, darin sind Wolfgang und Elisabeth Grupp Meister.

(Dieses Porträt entstand auf der Grundlage eines gemeinsamen Gesprächs mit Wolfgang und Elisabeth Grupp. Die Autorinnen danken ihnen für das aufschlussreiche und anregende Gespräch.)

Rezept für eine glückliche Ehe

Angela Merkel: »Mein Mann sorgt dafür, dass ich Distanz zu meiner Arbeit bekomme. Und er ist natürlich an meinem politischen Leben interessiert. Jeder macht seinen Job. Ich bin keine Hausfrau. Und er ist kein Hausmann. Mein Mann trägt unsere Situation zwar mit, aber einfach ist es für ihn nicht.«

Joachim Sauer: »Meine Person steht in keinem Verhältnis zur politischen Arbeit von Angela Merkel. Deshalb bin ich auch für die Öffentlichkeit nicht interessant.«

An den seltenen gemeinsamen Wochenenden wandert das Ehepaar gerne, fährt Rad oder hört gemeinsam die Lieblingsmusik: Werke von Mozart und Mahler.

(Artikel aus der BUNTEN, Nr. 29, »Wer ist eigentlich Herr Merkel?« von Ulrich Becker)

Angela Merkel und Joachim Sauer
CDU-Chefin, Professor für Quantenchemie
(lebten 17 Jahre zusammen, ehe sie 1998 heirateten)

Angela Reisslöhner & Manfred Kompöck

Der gemeinsame Weg von Angela Reisslöhner (48) und Manfred Kompöck (50) begann im Jahr 1979. Damals telefonierte der Art-Direktor einer Münchner Werbeagentur mit der Werbeleiterin einer Kosmetikfirma. Manfred: »Ich war sofort hingerissen von der Stimme am anderen Ende der Leitung und dachte mir: ›Diese Frau muss ich kennen lernen.‹«

Da beide aber damals noch in festen Beziehungen waren und Manfred ein eher zurückhaltender, stiller Typ ist, kam es zu keinem persönlichen Zusammentreffen. Es blieb vorerst bei Telefonaten. Nur ein einziges Mal kam es zu einer Fast-Begegnung. Manfred Kompöck berichtet mit heiterer Miene: »Es war auf dem Münchner Oktoberfest. Wir befanden uns mit Kunden unserer Agentur in einem der großen Bierzelte. Zu meiner Freude war auch Angie darunter. Sie saß jedoch ziemlich weit von mir entfernt. Ich traute mich nicht auf sie zuzugehen und sie direkt anzusprechen, sondern arbeitete mich Platz für Platz und Maß für Maß an sie heran. Als ich ihr fast schon vis-à-vis saß, stand sie plötzlich auf und sagte: ›Ich muss jetzt gehen, mein Freund wartet auf mich!‹ Und weg war meine Angebetete. Ich war verständlicherweise sehr enttäuscht.«

Ehe Manfred Kompöck und Angela Reisslöhner den Weg zueinander fanden, mussten sie erst noch bewegte Zeiten durchmachen. Für Manfred hieß es zu erleben, dass es in seiner Ehe zu einer heftigen Krise kam. Für Angela bedeutete es, die unerfreuliche Erfahrung von Mobbing im Berufsleben zu machen, mit der Folge, dass sie ihren Job bei der Kosmetikfirma kündigte. Obwohl sie noch jung war und ihr alle Möglichkeiten offen standen, litt sie unter dem Karriereknick.

Fortuna führte beide jedoch ihrem gemeinsamen Glück entgegen: »Ich hatte einen guten Kontakt mit dem damaligen Chef von Manfred«, berichtet Angela. »Ihm gefiel ganz offensichtlich mein sprudelndes und engagiertes Wesen und auch, dass ich von Marketing etwas verstehe. Als ich ihm erzählte, dass ich bei meiner Firma gekündigt hatte, sagte er spontan zu mir: ›Angie – wir waren damals schon per du –, dich lass ich nicht mehr los. Du kommst zu mir!‹ Und so kam ich 1981 in die Werbeagentur. Da ich ja noch nie in einer Agentur gearbeitet hatte, durchlief ich erst einmal alle Abteilungen. So kam ich auch in die Abteilung von Manfred.«

Manfred Kompöck erinnert sich noch gut an den Tag X, als ihm sein Chef mitteilte, dass er eine neue Mitarbeiterin eingestellt habe: Frau Reisslöhner. Manfred: »Mich riss es fast vom Hocker, als ich die Neuigkeit erfuhr! Als ich dann Angie hautnah erlebte, war das ein besonderes Erlebnis für mich. Ich glaube, ich bin noch nie mit so klopfendem Herzen in die Arbeit gegangen wie damals.«

Angela Reisslöhner machte die Arbeit in der Werbeagentur sehr viel Spaß. Mit ihrer lebhaften und tüchtigen Art arbeitete sie sich rasch von der Assistentin des Geschäftsführer die Karriereleiter nach oben: »Neben den Sekretariatsarbeiten war ich auch in konzeptionelle Aufgaben involviert, vertrat ich oft die Office Managerin und schließlich machte ich die Produktion. Als dann eines Tages der Texter die Agentur verließ, erhielt ich meine große Chance, seinen Platz einzunehmen. Es war für mich ein unvergesslicher Augenblick, als mein Chef mit feierlicher Miene vor versammelter Mannschaft zu mir sagte: ›Angie, hiermit schlage ich dich zur Texterin!‹ Auf diese Weise kam ich endgültig zu Manfred. Wir waren fortan ein Kreativ-Team und arbeiteten eng zusammen.«

Als Team waren Manfred Kompöck und Angela Reisslöhner ein erfolgreiches Gespann, das sowohl bei der Geschäftsleitung als auch bei Kunden sehr gut ankam und viel Erfolg hatte. Sie verstanden sich hervorragend und waren auch bald miteinander befreundet. »Zunächst war es allerdings nur eine Freundschaft, ohne intime Beziehungen«, betont Manfred. »Wir waren ein Arbeitsteam und kein Liebespaar.«

»Ich kannte auch die Frau von Manfred und war bald mit ihr ebenso befreundet wie mit ihm«, fügt Angela hinzu. »Mir blieb natürlich nicht verborgen, dass die Ehe der beiden nicht gut funktionierte und dass Manfred deswegen oft in die Firma flüchtete.«

Nachdem beide einige Jahre intensiv zusammengearbeitet hatten, verstärkte sich die Krise in ihren privaten Beziehungen. Ob es rein persönliche Ursachen dafür gab oder ob es an den vielen Überstunden lag, die beide regelmäßig absolvierten, oder das innige und freundschaftliche Verhältnis, das sie verband, lässt sich nur mutmaßen. Beide trennten sich schließlich von ihren Partnern.

»Manfred hat unter seiner Scheidung sehr gelitten«, erinnert sich Angie. »Er kam oft zu mir in mein Büro und ließ sein Leid raus.

Am Tag seiner Scheidung war er total fix und fertig und wurde von heftigen Magenschmerzen geplagt. Da ich ihm gerne helfen wollte, legte ich ihm die Hand auf den Solarplexus, woraufhin es ihm bald besser ging. Das war unsere erste Berührung. Dabei, so glaube ich, ist der Funke übergesprungen.« Den ersten Kuss gaben sich die beiden bei einem abendlichen Spaziergang im Münchner Südfriedhof.

Angela Reisslöhner fühlte sich von Manfreds ruhiger Art sehr angesprochen. »Ich hatte vorher immer so hektische Beziehungen. Meine Freunde waren zwar nett, aber sie kosteten mich immer viel Energie. Bei Manfred hatte ich das erste Mal das Gefühl, dass er nicht nur nimmt, sondern auch etwas gibt. Bei ihm empfand ich eine Art von Geborgenheit und Integrität, die ich vor ihm bei keinem Mann so empfunden hatte.«

Manfred Kompöck faszinierten an Angela von Anfang an die Tatkraft und Power, die sie hatte. Er sah darin aber auch ein gewisses Risiko. »Ich dachte manchmal, dass ich dadurch auch ganz schön ins Schleudern kommen könnte. Aber mir war bewusst, dass ich ein Mann bin, der eine Frau braucht, die ihn mitreißt, die nicht abwartet, sondern die auch selbst die Initiative ergreift. Und genau das fand ich bei Angie.«

Beide bewunderten am anderen aber auch die künstlerischen und fachlichen Fähigkeiten – sie sein zeichnerisches Talent und er ihre Formulierungsfähigkeit. »Wenn ich nicht wusste, wo ich ein Komma hinsetzen sollte, so ging ich zu Angie und sie wusste es«, schwärmt Manfred Kompöck. »Wir haben uns beruflich wirklich ideal ergänzt und das Private blieb nicht aus.«

Seit fast 20 Jahren sind Angela Reisslöhner und Manfred Kompöck ein Paar, aber sie haben ihre eigene Art des Zusammenlebens gefunden, die sich von der gängigen Form der Lebensgemeinschaft unterscheidet. Obwohl beide ein Paar sind, leben sie nicht ständig zusammen. Jeder hat seine eigene Wohnung – das war von Anfang ihrer Lebensgemeinschaft an so und ist es auch heute noch. Zwar gibt es durchaus Tage, wo sie gemeinsam entweder bei ihm oder bei ihr sind, aber dann auch wieder Tage, wo sich jeder in seinen privaten Bereich zurückzieht und sich vom anderen abschottet. Beide sind Menschen, die immer wieder Phasen des Rückzugs und der Ruhe brauchen, gerade nach einem hektischen Geschäftsalltag.

Zusammengezogen sind Angela Reisslöhner und Manfred Kompöck dennoch – nämlich geschäftlich. »Wir haben uns 1985 selbstständig gemacht und unsere eigene Firma gegründet, die ›Pro Publishing Werbeagentur GmbH‹«, so Angela. »In der Firma sind wir täglich 12 bis 14 Stunden beisammen, manchmal auch noch länger. Das ist unsere ›Ehe‹. Wir haben die Firma mit 50 zu 50 gegründet, was bedeutet, dass wir sehr gut miteinander zurechtkommen müssen, damit die Firma auch läuft. Unser Anwalt hat uns bei der Gründung von dieser Regelung abgeraten, weil sie ein erhebliches Risiko birgt, aber wir haben uns gesagt, wir machen es. Wir vertrauten auf die Stabilität unserer Beziehung – sowohl privat wie auch geschäftlich.«

Die Anfangsjahre der Pro Publishing waren nicht einfach, denn beide starteten die Firma ohne jegliches Vermögen. »Wir hatten nur ein kleines Büro mit einem Tisch und zwei Stühlen«, erinnert sich Manfred Kompöck. »Aber wir waren ein gutes Team und erhielten bald die ersten Aufträge. Als wir dann kurze Zeit später mit einem Projekt den ›Deutschen Direkt-Marketing-Preis‹ gewannen, gab das unserer Firma einen enormen Auftrieb.«

Angela Reisslöhner und Manfred Kompöck entdeckten 1986 eine Marktlücke, die ihnen geschäftlich einen großen Erfolg bescheren sollte: Computer-Grafik, damals eine Technologie der Zukunft, heute, im Zeitalter von Power-Point, eine gängige Sache. Angela Reisslöhner erinnert sich: »Als wir damals an verschiedene Firmen rangingen, hieß es oft: ›Wir brauchen keine Agentur, sondern jemanden, der Business-Grafiken macht.‹ So haben wir damals ganz schnell eine zweite Firma gegründet, die ›Desk-top-Publishing-Service‹. Wir waren eine der ersten Firmen in München, die so richtig professionell Grafiken angeboten hat. Damit sind wir ganz easy in große Firmen reingekommen, beispielsweise Nixdorf, Wacker-Chemie oder Rodenstock. Und wie die merkten, dass wir auch kreativ und konzeptionell gut sind, gaben sie uns auch Aufträge für unsere Werbeagentur. Wir wuchsen dann relativ schnell und mussten mehrere Leute einstellen, damit wir das wachsende Arbeitspensum bewältigen konnten.«

Ihren Erfolg genossen Angela Reisslöhner und Manfred Kompöck sehr. Sie kauften sich jeder eine schöne Eigentumswohnung, machten Fernreisen und leisteten sich Dinge, die sie bis dahin entbehrt hatten. Trotz des Erfolgs verloren sie niemals den Bezug zur Realität, sondern blieben auf dem Boden. Sie lebten und arbeiteten weiterhin nach dem Motto: »Erst kommt die Firma, dann das Vergnügen.«

Auch wenn es in ihrer Zusammenarbeit nie Kompetenzstreitigkeiten gab, so blieben gegensätzliche Ansichten, insbesondere über Kampagnen, Finanzen, Geschäftsentwicklungen oder Mitarbeiter nicht aus. Diese wurden von beiden heftig diskutiert. Manchmal mischten sich auch aggressive Töne in die Auseinandersetzungen. Dann waren beide froh, dass sich jeder am Abend in seine eigene Wohnung zurückziehen konnte. Angela Reisslöhner: »Wenn wir dann in eine gemeinsame Wohnung zurückgekehrt wären, hätten wir den Streit mit nach Hause genommen und dort sicherlich weitergestritten. Da wir aber ›getrennte Schlafzimmer‹ hatten, konnten wir einfach abbrechen und sagen: ›Lass uns morgen weiter darüber reden!‹ Wir wussten, dass es gut ist, eine Nacht über die Sache vergehen zu lassen, da man sie danach aus einer anderen Perspektive sieht. Und so war es dann auch. Am nächsten Morgen setzten wir uns wieder zusammen und klärten die Sache oft erstaunlich schnell.«

Angela Reisslöhner und Manfred Kompöck verbinden nicht nur geschäftliche, sondern auch private Interessen: Sie gehen gerne gemeinsam ins Theater oder Konzert, sie machen Reisen und genießen es, auf diesen Reisen gemeinsam in einem Hotelzimmer zu wohnen. Sie spielen Tennis – gerne im Doppel. Auch hier bilden die Grundlinienspielerin Angie und der Netzkämpfer Manfred ein ideales Team. Angie ist stolz darauf, dass sie den in seiner Jugend so sportlichen Manfred, der seit einem Motorradunfall kaum mehr Sport getrieben hatte, vor 10 Jahren für diesen Sport begeistern konnte. »Es ist toll, zu sehen, wie Manfred am Netz die Bälle abstaubt und damit die Gegner ärgert, wie er sich hämisch freut, über sich hinauswächst«, schwärmt Angela und fügt hinzu, dass diese sportliche Betätigung als Ausgleich zu ihrem stressigen Geschäftsleben ungemein wichtig ist. »Damit kann man sehr gut Aggressionen und Ärger abbauen.«

Die Firma Pro Publishing ist heute ein gut gehendes Unternehmen mit zehn festen und zehn freiberuflichen Mitarbeitern. Angela

Reisslöhner und Manfred Kompöck können mit Zufriedenheit auf ihr Berufsleben schauen. Sie haben es geschafft und sind das, was man »wohlhabend« nennt. Jedoch vermissen sie eines: eine eigene Familie. »Ich habe mich all die Jahre zurückgenommen«, so Angela mit nachdenklicher Miene, »natürlich hätten wir gerne ein Kind gehabt, aber es kam immer wieder etwas dazwischen, mal hatten wir zu viele Aufträge, mal zu wenig, dann war wieder eine unserer Angestellten schwanger usw. So verrann die Zeit und irgendwann stellte ich fest, dass meine biologische Uhr abgelaufen ist.« Auch wenn ihre Geschwister Kinder haben und sie vielfache Tante ist, kann sie nicht verhehlen, dass ihr eigene Kinder fehlen. Das Paar denkt nun an Adoption, sieht sich aber mit der schwierigen deutschen Gesetzgebung konfrontiert. »Es gibt so viele Kinder auf der Welt, die in ärmlichen Verhältnissen leben«, sagt Angela, »denen wir ein schönes Zuhause bieten könnten, aber bei uns in Deutschland stehen der Adoption so viele Hindernisse im Wege, dass wir keine Chance für uns sehen.«

Auch Manfred Kompöck würde gerne ein Kind adoptieren, sieht die Sache aber gelassener: »Wenn man etwas will, dann kommt es auch von selbst auf einen zu.« Man spürt ganz deutlich: Jetzt, da das Paar älter wird, spielt der Faktor »trautes Heim« und »Familie« eine bedeutsame Rolle. Es hat sich etwas geändert in ihren Ansichten und Vorstellungen. »Nicht im Negativen«, meint Angela, »denn wir können die Früchte unseres Lebens genießen. Aber ich fühle, dass ich mich jetzt geschäftlich gerne etwas zurücknehmen und mich dafür mehr auf das Private verlagern möchte.« Auch auf das Zusammenziehen? »Ja, auch auf das.« Sie träumt von einem gemeinsamen Haus, vielleicht im Süden, am Meer. Manfred schmunzelt dazu und bekundet damit, dass er dem Ansinnen seiner Partnerin wohlwollend gegenübersteht.

Während Angela erwägt, sich in den nächsten Jahren ein wenig mehr aus dem Geschäftsleben zurückzuziehen, weist Manfred diesen Gedanken weit von sich. »Ich bin einer der glücklichen Menschen, die aus ihrem Hobby einen Beruf gemacht haben. Schon als Kind malte und zeichnete ich leidenschaftlich gerne. Meine Eltern haben das, Gott sei Dank, immer gefördert. Ich habe dann auch in Graz, meiner Heimatstadt, die Kunstgewerbe-Akademie besucht und bin Grafiker geworden. Mein Beruf ist mir immer eine große Freude gewesen.« Manfred könnte es sich jedoch vorstellen, später einmal, wenn er sich aus Altersgründen vom aktiven Geschäftsleben zurückzieht, seine zeichnerischen Fähigkeiten zu Hause auszuleben und Bilder zu malen. Angela schließt sich seinen Ausführungen an und meint, dass sie später gerne einmal schreiben würde, vielleicht ihre Lebensgeschichte oder einen Roman.

Angela Reisslöhner und Manfred Kompöck können auf erfüllte und abwechslungsreiche gemeinsame Jahre zurückblicken. Als ein Highlight bezeichnen sie ein Wochenende in Verona anlässlich der Eröffnung der Festspiele. »Diesem Wochenende ging eine geschäftliche Stress-Situation voraus«, erzählt Angela. »Der erste Grand Slam Cup in München mit Compaq. Da haben wir die ganze Tennis-Kollektion gemacht. Da der Auftrag erst Mitte Juli erteilt wurde, mussten wir uns natürlich ungemein ins Zeug legen. Wir hatten die Karten für die Eröffnung am 6. August und genau an diesem Tag wurden wir auch fertig – auf den letzten Drücker. Manfred brachte noch die restlichen Sachen zu Compaq, ich fuhr schon zum Bahnhof, um dort auf ihn zu warten. Ich wartete und wartete, aber er kam nicht. Kurz bevor der Zug abfuhr, erschien er endlich mit nichts als seinem Aktenkoffer. In letzter Minute sprang er auf den Zug. Wir mussten ihn in Verona neu einkleiden. Am Abend saßen wir dann in der Arena, es war wunderschön, Mikis Theodorakis dirigierte. Und als es dunkel wurde, kam eine Sternschnuppe nach der anderen runter. Es war ein unglaubliches Erlebnis; ich habe mir insgeheim ein Kind gewünscht. Aber leider hat es nicht geklappt. Ich war an jenem Abend so gerührt, dass ich die ganze Zeit geweint habe, nicht weil ich traurig, sondern weil ich so glücklich war.«

Als schicksalhaftes Ereignis sehen beide den schweren Fahrradunfall von Angie vor einigen Jahren. »Vorausgegangen war eine schwere Beziehungskrise von Manfred und mir durch einen anderen Menschen«, führt Angela aus. »Ich sehe es heute so, dass der Unfall einfach kommen musste. Er war die Spitze einer Lebenssituation, die so nicht mehr weitergehen konnte. Ich weiß noch, wie ich damals im Krankenhaus lag und überlegte: ›Wen ruf ich jetzt an? Manfred oder den anderen?‹ Ich habe mich entschieden Manfred anzurufen. Er kam auch sofort und übergab mir später einen

Brief, in dem stand: ›Erst pfleg ich den Schmetterling gesund, dann lass ich ihn fliegen.‹ Seine Worte berührten mich tief.«

»Mir wurde durch die Krise bewusst, was Angie mir bedeutete«, sagt Manfred. »Für mich war das damals ein klarer Kampf zwischen zwei Männern. Ich dachte mir damals: er oder ich!«

Manfred besuchte Angie fortan jeden Abend im Krankenhaus, obwohl er in der Firma viel Stress hatte. »Wir haben dann viel miteinander gesprochen und ich erlebte Manfred plötzlich von einer anderen Seite. Wir haben in den Wochen danach viel ausgeräumt und aufgeräumt. Das tat uns sehr gut und führte schließlich zu einer neuen Festigung unserer Beziehung.«

Angela Reisslöhner und Manfred Kompöck sind zwei Menschen, die ihren eigenen Modus für ein glückliches Zusammenleben gefunden haben. »Wir wissen, dass wir uns aufeinander verlassen können, dass wir einander vertrauen können. Verlässlichkeit und Vertrauen sind immens wichtig – im Geschäftsleben ebenso wie im Privatleben«, betonen beide.

»Es gibt so viele Paare, die sich kontrollieren und immer wissen wollen, was der andere gerade macht. Das könnte ich nicht haben«, sagt Manfred, der sehr viel Wert auf seine persönliche Freiheit legt und dem Prinzip der »langen Leine« folgt.

»Wir machen vieles gemeinsam, aber einiges auch getrennt voneinander«, so Angela. »Wenn wir uns nicht vertrauen würden, sondern der eine vom anderen stets Rechenschaft verlangen würde, dann wäre das eine schlechte Basis für unsere Beziehung. Bei uns ist es in Ordnung, wenn der andere einmal getrennte Wege gehen möchte. Wenn man nichts zu verbergen hat, erzählt man es dem anderen sowieso. Wir beide brauchen eine Türe, die etwas offen ist.«

Für ein gutes Zusammenleben, darüber sind sich Angela Reisslöhner und Manfred Kompöck einig, sind regelmäßige Gespräche wichtig, in denen sich die Partner das, was sie am anderen stört, von der Seele reden können. Manfred und Angela haben es am eigenen Leib erlebt, was passiert, wenn das gemeinsame Gespräch abreißt. Sie haben sich deswegen angewöhnt, alles auszusprechen und anzusprechen, ehe sich ein Graben zwischen den Partnern auftut. Natürlich erfordere das auch die Bereitschaft, dem anderen zuzuhören und mit Kritik umgehen zu können.

Für eine gute Lebensgemeinschaft halten es beide für unerlässlich, dass die Partner die Bereitschaft haben, mit einem gewissen Humor an die Dinge heranzugehen und nicht alles tierisch ernst zu nehmen. »Man sollte zusammen möglichst oft lachen können«, so Angela. »Lachen ist die beste Medizin und vertreibt schlechte Laune und dunkle Wolken. Ich bin von Natur aus ein lebensfroher und humorvoller Mensch und wirke damit oft ansteckend auf Manfred. Wenn wir beide guter Laune sind, wirkt sich das positiv auf unser Geschäftsleben, unsere Mitarbeiter und unsere Kunden aus. Sind wir hingegen schlecht drauf, wirkt sich das negativ auf die Menschen aus, mit denen wir zu tun haben. Deshalb ist es unser oberstes Prinzip, dass wir mit Freude durchs Leben gehen. Und da wir beide unseren Beruf lieben, fällt uns das leicht.«

Manfred Kompöck und Angela Reisslöhner haben trotz eines arbeitsintensiven Lebens immer Nischen gefunden um Urlaube zu machen. Früher sind sie oft getrennt in den Urlaub gefahren, schon allein der Firma wegen, seit einigen Jahren jedoch genießen sie es, gemeinsam wegzufahren. »In dem Moment, wo wir ins Flugzeug steigen, lassen wir alles zurück, was das Geschäft betrifft. Es ist ein wunderbares Gefühl, von allem befreit zu sein. Im Urlaub denken wir nicht ans Geschäft und reden wir auch nicht über Geschäftliches. Urlaub ist unser Refugium.«

Manfred erinnert sich an die letzte gemeinsame große Reise nach Hawaii über Weihnachten/Silvester und berichtet mit heiterer Miene. »Es war ein großartiges Gefühl, aus dem Flugzeug zu steigen. Wir waren so weit weg von allem, von all den geschäftlichen Verpflichtungen, dem Tagesstress usw. Wir empfanden ein ungemeines Glücksgefühl bei dem Gedanken, dass wir drei Wochen Urlaub vor uns hatten. Drei Wochen Freiheit, drei Wochen Zeit nur für uns. Wir waren so happy, dass wir uns auf dem Flughafen ganz intensiv umarmten.« Diese gemeinsamen Glücksmomente möchte das Paar nicht missen. Sie sind die Quelle der Kraft und Freude, wenn es einmal in der Partnerschaft nicht so gut läuft. Deshalb legen beide auch viel Wert darauf, sich immer wieder solche gemeinsamen Glücksmomente zu schaffen.

(Dieses Porträt entstand auf der Grundlage eines gemeinsamen Gesprächs mit Angela Reisslöhner und Manfred Kompöck. Die Autorinnen danken ihnen für das aufschlussreiche und anregende Gespräch.)

Bildnachweis

Bildagentur Votava: S. 35, 45, 67, 79, 89
Presse- und Informationsdienst der Bundesregierung, Bundesbildstelle, Berlin: S. 11
Privat: S. 23, 57, 101, 117, 133, 149, 163, 179

First Ladys

208 Seiten
ISBN 3-8000-3845-5

UEBERREUTER